過労自死の社会学

――その原因条件と発生メカニズム

小森田龍生

専修大学出版局

はしがき

「眠りたい以外の感情を失いました」[1]
「もう4時だ　からだが震えるよ…　しぬ　もう無理そう．疲れた」[2]

「体が痛いです．
　体が辛いです．
　気持ちが沈みます．
　早く動けません
　どうか助けて下さい
　誰か助けて下さい」[3]

　祈りにも似たこれらの悲痛な叫びは，封建社会で搾取にあえぐ農奴が発したものでもなければ，産業革命直後の初期資本主義社会で困窮する貧者が発したものでもない．世界有数の経済規模を誇る現代日本の，一部上場企業のなかで追い詰められ，命を絶った2名の若手社員が遺したものである[1][2][3]．〈豊かな国〉の上紙を一枚めくれば，労働者の人権を踏みにじり，助けを乞う声にすら応じられない貧しい社会の実態がある．

　仕事に起因する労働者の自死問題は，過労自死（過労自殺）として1990年代から一般的に認知されてきた．昨今，大手企業での過労自死事件をきっかけとして大きな注目を集めており，対策に向けた取り組みが本格化しつつ

1）2）　高橋幸美・川人博，2017，『過労死ゼロの社会を』連合出版，48頁より引用．

3）　2012年2月21日付け北海道新聞より引用．詳細については，中澤誠・皆川剛，2014，『検証　ワタミ過労自殺』岩波書店を参照．

ある．そうした傾向は望ましいことであるが，見方を変えると，過労自死問題はおよそ四半世紀に渡り認識されつつも，一部の関係者を除き社会的に黙殺されてきたということでもある．

人びとの生活や生命にかかわる問題の深刻さのわりに調査・研究も少なく，社会学的な研究に限れば数えるほどしか行われていない．とくに過労自死が起きるメカニズムを正面から扱った社会学的な実証研究は皆無に等しい．

そのようななかで，本書は，社会学的な観点，医学・医療的な観点，労働経済学的な観点など，できるだけ広い領域の知見を踏まえて過労自死という社会現象のメカニズムを追究する．いささか直球すぎるテーマ設定とも思われるが，過労自死の予防に向けて必要なことは，そうした試みであると考えている．

本書の基本的な問いは，同じような環境条件，長時間労働を余儀なくされる人びとのなかで，なぜある人は過労死（脳・心臓疾患による突然死）に至り，ある人は過労自死（精神疾患による自死）に至るのかというものである．身体的・精神的な個人差もあると思われるが，死に至るまでの社会的なイベント（出来事・要因）を整理し，比較したときに違いはないのだろうか．

この点について本書では，58件の事例を対象とした質的比較分析（Qualitative Comparative Analysis）と，ケーススタディにより検討する．質的比較分析は過労自死の特徴を体系的な手法から導き出すことを可能とし，人びとが何に追いつめられ自死へ向かうのかを理解する補助線となる．そして，その補助線を手掛かりとして事例を読みとき，過労自死が生じるメカニズムを明らかにしていく．それが本書の中心的な課題であり，その検討を通じて，過労自死防止のための社会的な介入のポイントを提示する．

なお，質的比較分析もケーススタディも，分析対象が限定されており知見の一般化には慎重さが求められる．そこで，コラムでは，試験的ながらより大規模なデータを用いて知見の一般化可能性を検討する．

はしがき　v

　本書の特色は，上記のように，大規模な調査データの分析から，中規模な
データの分析，そして最小の単位である個々の事例の分析までをひとつの研
究のなかで行うところにある．

　さまざまな要因が複雑に絡み合うことが想定される過労自死の実態を適切
に理解するためには，当事者一人ひとりへのミクロな視点も，その背後にあ
るマクロな社会要因に対する視点も欠けてはならない．大規模なデータの分
析のみに終始し，個々の事例との整合性を十分に考慮しなければ，具体的な
防止策を講じることはできないだろう．またそれとは逆に，個々の事例の分
析のみに固執していては，広範囲にわたって実効性をもつ政策を打ちだすこ
とも難しくなる．必要性に応じて分析方法を使い分けることが肝要であり，
それによってよりリアリティのある考察が可能になるものと認識している．

　もちろん，複数の手法を組み合わせて用いることには，技術的な困難さが
伴う．許されるのであればもっと時間をかけて慎重に議論したいところであ
るが，人の生死にかかわる問題の性質上，多少の荒さを残してでも刊行に踏
み切り，読者からの批判を仰ぐことでこの問題に関する議論の活性化を図り
たい．

　現在，過労自死問題は，数年前まででは考えられなかったほどに社会的関
心が高まっており，この機会を逃す手はない．本書が過労自死対策に向けた
議論のひとつの叩き台となれば幸いである．

vii

目　次

はしがき　iii

序章　社会状態の指標としての自死 ………………………………………1

第1節　自死と社会学　1

　　1　社会学的自死研究の系譜　1

　　2　自死の4類型と社会の危機　2

　　3　統計的実証研究と理論的研究への展開　5

　　4　『自殺論』への批判　8

　　5　本書の方針　9

第2節　本書の構成　11

第3節　本書でとりあげる事例の個人情報保護について　12

第Ⅰ部　過労自死の背景と研究課題────────────15

第1章　日本の自死動向と過労自死の位置づけ ………………………17

はじめに　17

第1節　日本における自死率の推移　18

　　1　日本の自死統計の種類　18

　　2　戦後の自死増加期と男女差の拡大　19

第2節　年齢階層別の推移　22

第3節　動機・職業別の動向　28

第4節　過労自死の発生状況　31

おわりに　34

viii

第2章　過労自死の社会問題化と課題⋯⋯⋯⋯⋯⋯⋯⋯⋯⋯⋯39

はじめに　39

第1節　過労自死の社会問題化と背景　40

　　　1　過労死の社会問題化　40

　　　2　過労自死の社会問題化と労災補償の変遷　42

第2節　仕事を辞められない理由に関する検討と課題　50

　　　1　会社への忠誠心　51

　　　2　仕事倫理と環境の相互作用　53

　　　3　経済的不安　54

　　　4　仕事を辞められない状況のモデル　56

　　　5　まとめと問題の所在　58

第3節　過労自死の原因条件に関する先行研究と仮説　61

　　　1　過労死の原因条件　61

　　　2　過労自死の原因条件　62

　　　3　仮説の提示　65

おわりに　67

第Ⅱ部　過労自死に特有の原因条件の分析────────71

第3章　過労死と過労自死を分かつ原因条件⋯⋯⋯⋯⋯⋯⋯73

はじめに　73

第1節　対象と方法　74

　　　1　分析対象　74

　　　2　分析方法　77

　　　3　判例のコード化と投入する原因条件　78

第2節　結果　80

目　次　ix

　　　　1　単純集計　80

　　　　2　真理表　83

　　　　3　論理式の縮約結果　84

第 3 節　考察　87

おわりに　89

Column　長時間労働と被雇用者のメンタルヘルス

　　　　──2015 年 SSM 調査のデータを用いた検証　91

　　　はじめに　91

　　　対象と方法　92

　　　分析結果　95

　　　参考文献　96

第 4 章　2 つの原因条件が経験されるプロセスと心理的影響
（事例分析Ⅰ）……………………………………………………99

はじめに　99

第 1 節　事例提示　100

　　　　1　Z 検査サービス株式会社社員の自死（事例 4-1）　101

　　　　2　X 県公立学校教諭の自死（事例 4-2）　105

　　　　3　T 電力社員の自死（事例 4-3）　109

第 2 節　原因条件が経験されるプロセス　112

第 3 節　原因条件の重複により生じる心理的影響　118

　　　　1　本節の課題　118

　　　　2　理論的枠組み　119

　　　　3　事例の検討　124

　　　　4　事例検討のまとめ　131

おわりに　134

第5章　判例以外の事例を用いた検討（事例分析Ⅱ） ············ 137

はじめに　137

第1節　B大学教員Jの事例　139

　　1　インタビュー調査の概要　139

　　2　事例の概要とプロセスの整理　141

　　3　原因条件と心理的影響　146

第2節　男性自死者が遺した手記の分析　149

　　1　手記の概要　149

　　2　片山氏の経歴と自死までの経緯　151

　　3　否定的な自己認識の存在　153

　　4　否定的な自己認識の強化と確信　156

おわりに　160

終章　結論と課題 ································ 163

付録　質的比較分析（第3章）による分析結果の頑健性の確認 ··· 173

参考文献　181

質的比較分析に用いた判例一覧　194

図表一覧　196

おわりに　199

索引　205

初出一覧　209

過労自死の社会学

―その原因条件と発生メカニズム

装　幀　尾崎美千子

序章　社会状態の指標としての自死

第1節　自死と社会学

1　社会学的自死研究の系譜

　本書は，1990年代以降の日本社会で広く認識されるようになった過労自死（過労自殺）の特徴と発生メカニズム，および社会的背景を検討するものである[1]．過労自死の背景に複数の要因の複雑な連関があることは論をまたないが，本書では，具体的にどのような要因が組み合わさるときに過労自死が生じやすくなるのかという点に焦点を定め，実証的な分析を試みる．その分析を通じて，本書ではこれまで過労自死と呼ばれてきた現象に，通常の意味における過労，すなわち働きすぎとは異なるメカニズムにより生じる側面

---

1)　以下では，引用文や慣用句として用いる場合を除き，「自殺」を「自死」という言葉に置き換えて記述する．2013年に島根県が公文書における表記を「自殺」から「自死」に切り替えて以降，他の自治体においても同様の切り替えが進んでいる．置き換えの是非についてはいまだ議論がなされているところであるが，「自殺」という表現に傷つくという自死遺族はたしかに存在しており，あえて「自殺」という表現を用いる利点はないものと判断した．なお，「自死」という言葉への置き換えに関しては，遺族感情への配慮のみではなく，「自殺」という言葉に潜在的に含まれる差別的認識を明らかにし，より中立的な立場から現象をとらえようという視点もある．こうした自死という言葉への置き換えに関する詳細な議論は，清水新二（2013）を参照されたい．

があることを明らかにしていく.

　具体的な考察に先立ち，以下ではまず，本書の基本的な視点となる社会学的な自死研究について確認し，なぜ過労自死を主題とするのかということについて述べていくことにしたい.

　「なぜ人は自死するのか」という問いに対しては，社会科学，人文科学，そして医学等，幅広い分野から多数の議論が積み重ねられてきた. むろん社会学もその例外ではなく，草創期からこんにちに至るまで，長きにわたり自死を重要な研究対象のひとつとしてとらえてきた. ごく簡単に振り返るだけでも，E. Durkheim（1897＝1985）や T. Persons（1937＝1982），J. D. Douglas（1967），Ph. Besnard（1973＝1988），A. Giddens（1977＝1986）等，多くの著名な社会学者がこの現象の分析に取り組んできた.

　自死という現象が社会学者の関心を集め続けてきた理由は，それがすぐれて「社会的な行為」であると考えられてきたことに求められる. その認識をいちはやく明確に打ち出したのは，いうまでもなく Durkheim であった（末繁 1983: 133）. Durkheim は，ある集団（社会）の自死率について，毎年構成員が異なるにもかかわらず定常性が認められること，そして集団ごとに自死率が異なることに着目し，統計資料の分析から有名な自死の4類型，ならびに「社会的統合」が自死率の推移に影響を与えるという結論を導き出した（Durkheim 1897＝1985）. 従前，あくまで個人的な行動の結果とのみ考えられてきた自死が，実は個人を超えた社会的要因により規定される行為としての側面を持つという，この「発見」が嚆矢となり，自死を「社会状態の指標」とみなす社会学的自死研究が試みられてきたのである.

2　自死の4類型と社会の危機

　自死を「社会状態の指標」とみなした Durkheim の研究は，自死を通じた社会の危機の解明にほかならなかった. そのことは，上述した自死の類型に関する議論のなかに示されている.

　そもそも，自死の4類型とは，「アノミー的自殺」，「自己本位的自殺」，「集団本位的自殺」，「宿命的自殺」というものであるが，Durkheim はこれ

らのうち「アノミー的自殺」と「自己本位的自殺」というタイプの自死増加に，当時（19世紀後半）の西欧社会が直面していた危機の所在を見出していた．以下，4類型それぞれの特徴について簡便に整理しておきたい．

まず，「アノミー的自殺」について Durkheim は，人々の欲求に対する社会的規制が弱まり，充足が不可能となることで生じる自死と述べている．19世紀初頭以降の西欧における自由主義的資本主義の飛躍は，「産業上の諸関係をあらゆる規制から解き放つことをつうじて進められ」（Durkheim 1897 ＝ 1985: 313），欲望の神聖化（あるいは物質的幸福の神格化）をもたらした（Durkheim 1897 ＝ 1985: 315）．その結果，自らの欲望を規制する術を失った人びとは，「現在」に充足できなくなり，「狂気じみた焦燥」（Durkheim 1897 ＝ 1985: 317）を伴う自死に走りやすくなると Durkheim は考えたのであった．

次に，「自己本位的自殺」とは，個人が社会集団から切り離され，存在意義を見失うことによって生じる自死を指している．Durkheim は，当時の宗教，家族構成，政治（政変）に関する統計と自死統計を分析し，社会の統合が強いと考えられる状況下で自死が少なく，逆に社会の統合が弱いと考えられる場合には自死が多くなるということを明らかにすることでこのカテゴリーを措定した（Durkheim 1897 ＝ 1985: 247-8）．

ここまでの2つの類型は「同じ社会状態の2つの異なった側面」を表したものであり，「両者とも，社会が個人のなかに十分存在していないという理由から発生」する（Durkheim 1897 ＝ 1985: 319-61）．Durkheim は，これらの類型に該当する自死の増加の背景に，急速な産業化・近代化による社会的統合の解体と混乱に直面した西欧社会の危機を読み取っていたのである．

残る2つの類型についても確認しておくことにしたい．まず，「集団本位的自殺」とは，「自己本位的自殺」の対極に位置するカテゴリーであり，社会的統合の過剰により生じる自死を指したものである．Durkheim はこのカテゴリーを措定するにあたり，いわゆる未開社会における自死を念頭においている．たとえば高齢者や病に冒された者，夫に先立たれた妻，あるいは首長の死に伴う臣下の自死等がその例である．そしてそれらの自死が行われるの

図序-1　Durkheim の自死 4 類型の位置関係

社会的規範の拘束度		社会的統合（I）	社会的規制（R）
	＋	＋I 集団本位的	＋R 宿命的
	－	－I 自己本位的	－R アノミー的
		＋は強，－は弱を示す	

宮島（1979）をもとに作成．

は「当人がみずから自殺をする権利をもっているからではなく，それどころか，自殺する義務が課せられているから」であると指摘する（Durkheim 1897＝1985: 262-3）．

　4つ目のカテゴリーである「宿命的自殺」とは，過度の規制により未来を閉ざされた場合に起きる自死を指している（Durkheim 1897＝1985: 530）．Durkheim は，「自己本位的自殺」は，人びとが自分の生に存在理由を認めることができないことから発生するのに対して，「集団本位的自殺」は生の存在理由が自身の生の外部にあるかのように感じられることから発生するとし，この2つのタイプの自死を基本的に対極の位置関係にあるものとしてとらえていた．同様に，Durkhcim は「アノミー的自殺」にも対置することのできるタイプの自死があるとして，「宿命的自殺」を定位している（ただし，Durkheim はこの類型についてはこれ以上詳細な議論を加えていない）．

　これまでにみてきた Durkheim の，自死の4類型の位置関係について，宮島喬（1979）は G. Poggi（1972＝1982）の議論を参照して図序-1 のように整理する．

　Durkheim の自死の類型論における要点は，社会的な統合と規制のバランスという観点より自死を類型化し，前近代社会から近代社会への移行に伴う個人主義化と，その代償として生じた無限の病（アノミー）と無意味の病（自己本位）という社会病理を描き出した点にあるといえる．

このような社会変動の過渡期において生じるコンフリクトが，1990 年代以降の日本の自死増加，および過労自死の背景にも存在していることを，本書の考察は明らかにしていく．

3 統計的実証研究と理論的研究への展開

これまでにみてきた Durkheim を祖とする社会学的自死研究の視点は，こんにち，大きく 2 つのタイプの研究に引き継がれている．ひとつは全体的な自死率の変動を社会的な指標との関連で説明することを目指す統計的な実証研究であり，もうひとつは自死の 4 類型に代表される理論的な枠組みを継承し，現代の自死動向と社会的背景を検討する研究である．

前者の方針による研究は現在でも数多く行われており（内閣府経済社会総合研究所 2006；Chen et al. 2009；澤田ほか 2013），その多くは日本の自死動向が経済的要因と強く相関していることを明らかにしている．たとえば，内閣府経済社会総合研究所（2006）の「自殺の経済社会的要因に関する調査研究報告書」では『自殺論』を重要な先行研究として位置づけ，「経済学的要因」[2]，「社会学的要因」[3]，「経済学的・社会学的な複合要因」[4]を説明変数とした計量分析を行っている．それにより導かれたのは，「1998 年以降の 30歳代後半から 60 歳代前半の男性自殺率の急増にもっとも影響力があった要

2) 所得，負債・破産等，生活水準にかかわる自死因子．男女別年齢階層別実質賃金（厚生労働省「毎月労働統計」の賞与を含む現金給）や「全国消費実態調査」から世帯あたりの（純）債務残高（対世帯あたり年間所得），法務省「司法統計年報」より都道府県別破産事件新規受付件数等が用いられている．

3) Durkheim を参考に「自己本位的自殺」，「集団本位的自殺」，「アノミー的自殺」のそれぞれの要素を代替する指標として離婚率，世帯の平均人員，親戚づきあいの頻度，近所づきあいの頻度，所得不平等の拡大等を用いている．具体的には厚生労働省「人口動態統計」より男女別年齢階層別離婚者数（対 1000 人），NHK 放送文化研究所「全国県民意識調査」（1978 年，1996 年）より「お宅では，近所の人とつきあいは多いですか」という質問に「はい」と回答した人の割合，総務省「家計調査」より可処分所得のジニ係数（所得や資産の格差を表す指標）を算出する等して分析に用いている．

因は，失業あるいは失業率の増加に代表される雇用・経済環境の悪化である可能性が高い」という結論である（内閣府経済社会総合研究所 2006: 83）.

一方，Durkheim の理論的枠組みを引き継ぐ近年の研究成果としては，たとえばポーランドの社会学者，M. Jarosz（1997＝2008）による『自殺の社会学』や，フランスの社会学者 Ch. Baudelot and R. Establet（2006＝2012）による『豊かさの中の自殺』がある．このうち，後者はこんにちにおける世界的な自死動向を包括的に検討したものであり，若年男性の自死増加傾向に現代社会の危機の所在を読み取っている（前者は 1950 年代以降のポーランド国内の自死動向を Durkheim の自死理論にあてはめて分析したものである）.

Baudelot らは，はじめに「社会が自殺を解明するのではなく，自殺を通じて社会が解明されるのである」（Baudelot and Establet 2006＝2012: 26）と，前項にみた社会学的自死研究の視点を確認したうえで，1970 年代後半以降，OECD に加盟する大半の地域で，それまで所与と見なされてきた年齢と自死率の相関関係（年齢が上がるにつれて自死率が高くなるという関係）が変化し，若年男性の自死率が上昇してきたことに着目している．同時に Baudelot らは，経済的に貧しい国よりも豊かな国において自死率が高く，豊かな国の内部においては貧しい人々に自死が偏っているという点に注目を促す．つまり，先進国における無職（あるいは不安定就労）の男性の自死増加が，現代の自死動向の特徴としてあらわれているのである.

そうした事態の背景には，1970 年代後半以降の世界的な経済成長の鈍化と再編成，および若年層の雇用不安定化があるが，Baudelot らはそれに伴う絶対的貧困の拡大よりも，いわば相対的剥奪の影響を重要視する．かりに

4）　この研究では経済学的要因と社会学的要因の複合要因として「失業」を挙げている．それは，失業が経済的な変化のみならず，将来予想される生活苦の問題，社会的連帯の消失による心理的ストレスなど広範な影響を与えると考えられるからである．具体的には総務省「労働力調査」より男女別年齢階層別完全失業率，男女別地域ブロック完全失業率を使用している．なお，男女別年齢階層別完全失業率については一定の要件を満たすと失業給付を受給できることから「当期の完全失業率」とは別に「一期前の完全失業率」も使用している.

絶対的貧困が真の問題であるのならば，経済的に貧しい国にこそ自死が多く，性別による自死率の違いも生じえないと考えられるが，実際の統計データはその予測を支持しないからである．

以上の点について Baudelot らは，「創造的個人主義」という概念に依拠しながら考察を展開する．「創造的個人主義」とは，アメリカの政治学者，R. Inglehart（1997, 2000）が提唱した概念であり，経済的に豊かな先進社会における，雇用・労働を通じた社会的アイデンティティの形成，および社会的統合の形式を指したものとされる．近代化の進展は地縁・血縁，あるいは宗教的な紐帯を弱体化させる一方で，労働の持つ社会的な意味を増大させてきた（Bauman 1998＝2008）．今や個人と社会のあらゆる関係は労働の領域において結ばれ，「仕事での成功や失敗は，実存への評決」に直結するようになっている（Baudelot and Establet 2006＝2012: 124-5）．だからこそ，雇用の不安定化は自死に結びつくほどの精神的な苦痛，アイデンティティ・クライシスへと結びつくと Baudelot らは指摘している．

以上のように，Durkheim の視点を引き継ぐ統計的実証研究，および理論的研究は，アプローチの仕方に相違点があるものの，どちらも現代社会においては男性無職者（失業者）の自死の危険性が高まっていることを指摘している点で共通している．具体的な数値（統計）は第 1 章にて確認するが，この指摘は 1990 年代後半以降の日本の自死動向を一面において正確にとらえている．

しかし，同じく第 1 章に示す統計からは，同時期の日本において，男性有職者（被雇用者）の自死も問題となっていることが確認される．無職者の自死の危険性が高いことは時代を問わず一般的な傾向であることを考慮すると，近年では男性有職者の自死問題が深刻化しているととらえることができる状況となっているのである．

なぜ，現代の日本社会では働きながら自死に至るのか．もちろん，有職者の自死のすべてを過労自死ととらえることはできないが，この問題を追究することは，すぐれて現代的な自死の特徴と背景を理解することへつながるものと考えられる．本書が過労自死を主題とする理由はこの点に存在する．

4 『自殺論』への批判

　ここまで，Durkheim の『自殺論』を引き継ぐ近年の自死研究を確認して
きた．Durkheim が提示した研究方針は一般に「方法論的集合主義」と呼ば
れるものであるが，一方でそうしたマクロな観点からの自死研究には早くか
ら批判が寄せられてきた．すなわち，中久郎（1965）が指摘しているよう
に，Durkheim は「この現象の原因を個人行為の次元において追究しなかっ
た．そのために彼の理論からは微視的観点の理論分析を進める上で必要な示
唆は直接引き出せない」のである（中 1965: 30）．

　このような，いわば「方法論的個人主義」的な立場からの批判は，Dur-
kheim の研究枠組みの範囲において致命的な欠陥ではないだろう．なぜなら
ば，Durkheim の主要な関心は集合的な傾向にあり，その分析を通じて導か
れる社会的な危機の描出にあったからである（Durkheim 1897＝1985: 32,
407）．とはいえ，中が指摘するような問題点は，Durkheim の示した自死理
論が，現実への適合性の悪さを有していることを指摘したものであり，軽視
できるものではない．

　実際，文化人類学者の杉尾浩規によれば，「デュルケム以降の自殺の社会
学的研究は，デュルケムが自殺傾向と呼んだ自殺の社会的要因に個人的要因
を加え，社会的側面と心理的側面の両方から自殺を捉えるという方向に発展
した」とされる（杉尾 2012: 69）．つまり，自死を対象とした社会学的研究
は，Durkheim の示した研究方針から，個人的な危機（背景・動機）の理解
へと視野を拡げつつ展開されてきたのである．

　その例としては，シカゴ学派の社会学者 R. Cavan（1928）や，現代を代
表する社会学者のひとりである Giddens（1977＝1986）の研究，日本では社
会学者の松本寿昭（2010）による一連の自死研究が挙げられる．このうち，
たとえば Giddens は，自己本位―アノミー的な自死行為者の動機を，それ
ぞれ「対象喪失」，「自我理想と自己像のズレ」という S. Freud（フロイト）
の理論に依拠しながら整理し，自死を社会環境と行為者の相互作用というひ
とつの枠組みのなかでとらえることを試みている．そして Giddens は一連

の考察を通じて，社会環境との相互作用により個人に内在化された価値観を達成できないという状況が，自死動機の源泉になると指摘する．自死行為者が「相互作用システムへの参加」と，「社会化」のなかで社会的・道徳的な孤立を深め自死へ向かうという一連のプロセスは，Giddens によって「頽落的ラセン運動」（deteriorating spiral）と概念化されている[5]．

ただ，Giddens によるその論証のプロセスについては，事例の少なさや知見の一般化可能性について課題を残したものとなっている．また，少なくとも近年の日本においては，前掲した松本のような社会学者による自死の質的研究が活発に行われているとはいいがたい状況である．これは自死者の生前の情報を得ることが難しいという課題によるところが大きいものと考えられる[6]．

5 本書の方針

本節では本書の基本的スタンスを明示するために，社会学的自死研究の視点，および社会学的自死研究の系譜を概観してきた．いま一度要点を振り返っておくと，社会学的自死研究は一般的に Durkheim（1897 = 1985）の『自殺論』から始まったと考えられており，以降，自死を「社会状態の指標」とみなした社会的危機の解明が試みられてきた．その方法論的な特徴は「方法論的集合主義」と呼ばれるものであり，そうした社会学的自死研究のパースペクティブは，こんにちにおいても多数の実証研究，理論的研究へと引き継がれている．

---

5) ここでは，社会化という概念が，「幼年期から成人期までのパーソナリティの発達のみを指すのではなく行為者のパーソナリティとかれと他者との社会関係のあいだの連続的な相互交換を意味するものとして用い」られている（Giddens 1977 = 1986: 272-81）．

6) 松本（2010）は，個人情報保護の意識が高まったことにより，長年続けていた地域を単位とした調査研究が継続不可能となったことを報告している．一方で，近年では精神医学や公衆衛生の領域において，心理学的剖検という自死遺族への聞き取り調査等が行われている（張 2010）．

また，それらの研究成果を整理しつつ，本書が過労自死を主題とする理由についても示してきた．具体的な過労自死の発生状況，および検討課題はそれぞれ第1章，第2章にて述べるが，過労自死は日本の自死の歴史のなかでも現代に特徴的な自死の類型のひとつとなっている．本書は，そうした時代の突端で生じている自死の特徴，発生メカニズムを明らかにすることにより，現代日本社会の危機の所在を追究していく．もちろん，「過労自殺をみれば日本の労働のすべての側面がわかるとはいえない」が，「そこを凝視することによって，私たちは日本の労働の見逃されてはならない特徴を確実につかむことができる」ものと考える（熊沢 2010: 14-5）.

一方で，上記のような巨視的観点からの自死研究には，個人的行為としての自死を十分に説明できないという批判が寄せられていた．そうした批判はDurkheim の研究枠組みの範囲において致命的な欠陥とはいえないものの，現実への適合性の悪さはたしかに看過できない課題といえる．

ただ，微視的観点からの自死研究にも解決しがたい課題が存在する．それは，資料の制約や知見の一般化可能性等，質的研究の方法論にかかわる課題である．現象のメカニズムを理解するために事例を細かくみていくことは重要であるが，そのことのみが社会学的自死研究に求められている役割ではないだろう．

以上のような社会学的な自死研究の動向を踏まえたうえで，本書の研究方針を改めて整理しておきたい．本書では自死を「社会状態の指標」とみなす社会学的自死研究のパースペクティブを踏襲しつつ，方法論としては巨視的観点，微視的観点の両方に目配りをし，過労自死という現象が生じるメカニズムを追究していく．それは単に，統計的分析と事例研究をそれぞれに行い，その間を解釈で埋めるというものではない．詳細は第3章に示すが，本書の中心的分析方法となるのは，比較的少数事例を体系的に分析する手法として近年注目を集めている質的比較分析（Qualitative Comparative Analysis, QCA）という手法である．本書では，この分析を議論の中心に据えることにより，マクロとミクロの溝を埋め，一貫した社会学的自死研究の可能性を示すことを試みる．

第2節　本書の構成

　以下，本書の構成を提示する．まず，本書は大きく分けて2部構成をとっている．第Ⅰ部は過労自死の発生状況や先行研究の到達点と課題を示すパートであり，第Ⅱ部は，第Ⅰ部で提示した課題に対する実証分析編となる．各章の概要は以下のとおりとなり，日本の全体的な自死動向から，最終的には最小の単位である個人，その意識（主観的な意味世界）にまで議論を深めていく（図序-2を参照）．以下に本書のアウトラインを示す．

　まず，第1章では日本の自死に関する既存統計資料の整理を行い，過労自死の統計的な位置づけを確認していく．日本の自死が1998年以降急激に増加していたことは広く知られているが，ここでは性別，年齢階層等のカテゴリーに分けて自死動向を確認し，過労自死が現代日本社会において深刻な問題となっていることを示していく．

　次に，第2章では過労自死に関する先行研究を整理し，過労自死を特徴づける原因条件についての仮説を提示する．本章の主たる論点は，①過労自死

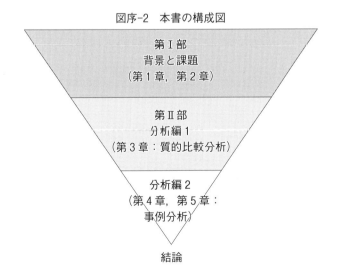

図序-2　本書の構成図

がどのような経緯から社会問題として認識されるようになったかという過労自死の「社会問題化」に関する議論，②過労自死者はなぜ死に至るまで仕事を辞められないのかという過労自死者のおかれていた「状況」に関する議論，③なぜ過労自死が生じるのかという過労自死の具体的な「要因（原因条件）」に関する議論の3点である．

続いて，第3章では，第2章で提示した仮説を検証し，過労自死に特有の原因条件を明らかにすることを試みる．分析対象は労災認定請求・損害賠償請求裁判に係る判例58件であり，分析方法はクリスプ集合論に基づく質的比較分析（QCA）を用いる．この第3章で行う実証分析が本書でもっとも重きをおくところとなり，結果として，過労死と比較した場合の過労自死に特有の原因条件は「ノルマを達成できなかった」という出来事と，職場における「人間関係上の問題」の重複にあるということを明らかにする．

第4章では，第3章で行った質的比較分析の結果を踏まえ，(1) 原因条件が当事者に経験されるプロセス，(2) 原因条件が結果に与える心理的影響について，質的比較分析に用いた判例から3つの事例を参照しつつ検証する．

第5章では，第4章にみてきた過労自死の特徴，および発生のメカニズムが，判例以外の事例においても確認できるかという点について検討する．参照する事例は2つであり，ひとつは本書執筆にあたり筆者が行った自死遺族へのインタビュー記録，もうひとつは2005年に亡くなった男性自死者が遺した手記である．

最後に，終章では本書の作業を振り返り，過労自死の特徴と発生メカニズムに関する結論を述べ，過労自死という現象から社会のどのような危機を読み取ることができるのかを述べる．

第3節　本書でとりあげる事例の個人情報保護について

本書では，第2章以降でいくつかの事例をとりあげる．そのため，ここで本書における個人情報の取り扱い方針について説明しておくこととしたい．

まず，本書で事例としてとりあげる資料の種類は次の4種類である．

序章　社会状態の指標としての自死　13

①労災請求，損害賠償請求裁判に係る判例
②遺族や支援者の手記
③当事者が生前に記した手記
④本書執筆にあたり筆者が実施した自死遺族へのインタビューの記録

　③の資料を除き，人物の名前は匿名化し，アルファベット1文字（A，B
等）で表すこととする（③のみ実名で表記する理由については第5章で説明
する）．また，生前当事者が勤務していた企業名等についても基本的には匿
名表記とするが，歴史的経緯を鑑み重要と思われる案件については匿名化せ
ず，実名で表記する場合がある．そもそも①〜③の資料についてはすべて一
般に公開され入手可能な資料であるため，本書で実名表記することにより新
たな個人情報保護上の問題が生じる可能性は皆無であると考えられる．
　④の本書執筆にあたり筆者が実施した自死遺族へのインタビューの記録に
関して，人物名を匿名化することは前述のとおりであるが，ほかに地名や家
族構成等，事案の内容が損なわれない程度に記述内容を改変して用いてい
る．インタビューの実施要項は本文で詳しく述べるが，本書で参照するにあ
たり，被調査者による校閲と掲載許可を得ていることを明記しておく．

第Ⅰ部

過労自死の背景と研究課題

第1章　日本の自死動向と過労自死の位置づけ

はじめに

　本章では，日本の自死動向にかかわる既存統計資料の整理を行い，過労自死の統計的な位置づけを明らかにしていく．本書が過労自死を主題とすることは序章で述べたとおりであるが，「自殺と一言で言うものの，そのすそ野は広く」（山下 2013: 222），さまざまなタイプの自死のなかから，なぜ過労自死をとりあげるのか，その理由を明確にしておくことは本研究の意義にかかわる重要な課題である．

　日本の自死が1998年（平成10年）以降，急激に増加していたことは広く知られているが，性別や年齢といった属性に分けて詳しくみてみると，それは一律の増加ではなく，特定の属性に集中した増加であったことがわかる．相対的に発生件数の少ない周辺的なケース（たとえば「失恋」や「近隣関係」の悩みが主たる原因と推測されるケース）を除外することは必ずしも本意ではないが，自死を通じて現代社会の様相をとらえるためには，いま現在，自死の危険性が高まっている集団に対象を限定する必要がある．このような対象の限定は，公衆衛生等の分野ではポピュレーションアプローチに対して，ハイリスクアプローチとして一般的に行われていることでもある（山田 2015: 4-5）．本章の構成は以下のとおりである．

　まず，第1節では，日本に存在する主要な自死統計の種類を確認し，日本における自死者数，および自死率の推移を概観していく．次いで第2節で

18　第Ⅰ部　過労自死の背景と研究課題

は，年齢階層別の動向を確認していく．これらの確認を通じて，1998年以降の日本社会では，「生産年齢に該当する男性」が自死の危険性の高いグループとなっていることが明らかになる．

　次に，第3節では原因・動機別の推計に目を転じ，「生産年齢に該当する男性」の特徴的な自死理由が「経済・生活問題」，および「勤務問題」にあることを確認する．そこから現代日本社会の自死を検討するうえではいわゆる過労自死に注目する必要性が見出される．それを踏まえて，第4節では過労自死の発生状況について確認していく．

第1節　日本における自死率の推移

1　日本の自死統計の種類

　具体的な統計の確認を始める前に，まずは本章で参照する統計資料の種類と特性について確認しておくこととしたい．日本の自死統計には大きく2つの統計があり，ひとつは警察庁による「自殺統計」[1]，もうひとつは厚生労働省による「人口動態統計」[2]である．「自殺統計」は日本における外国人を含めた総人口を対象とし，「人口動態統計」は日本における日本人のみを対象としているため，前者の方が計上される件数が多くなる傾向にある．

　また，「自殺統計」は発見地をもとに自死死体発見時点（正確には認知時点）で計上し，「人口動態統計」では自死者の住所地をもとに死亡時点で計上している．そのため前者の統計では，「自死を企図しようとする者が集まりやすい場所」を有する地域の自死者数が突出して多くなるという現象が起きる．

　1）　2010年までは各年の「自殺の概要資料」という名称で警察庁が公表していたが，2011年以降は「平成○○年中における自殺の状況」と改称．

　2）　「人口動態統計」は「指定統計」であり，調査基準や定義，調査方法が明示されている．

なお，「自殺統計」は捜査等により自死と判明した時点で，「自殺統計原票」を作成・計上し，「人口動態統計」では，自死，他殺あるいは事故死のいずれか不明のときは自死以外で処理する．死亡診断書等について作成者から「自死」との訂正報告がない場合は，自死に計上されない．

このような集計方法の違いはあるものの，2つの統計結果を比較した場合には，おおむね近似した傾向を確認することができる．そのため，本書では2つの統計間におけるわずかな数値の違いは問題とせずに両統計を参照していく．

また，上記の2つの統計に加えて，内閣府作成の「自殺対策白書」では，年度ごとに自死状況の整理・分析，および自死対策に関する概要が示されており，こちらもひとつの資料として適宜参照していくこととしたい．

2　戦後の自死増加期と男女差の拡大

以下では，まず全体的な日本の自死動向を確認していくこととしたい．自死を「社会状態の指標」とみなし統計を概観していくと，1998年以降の日本社会はきわめて異常な状態にあったということが理解される．

図1-1は日本の自死者数の長期推移を示したものである．そこから確認できるように，戦後，日本の自死には大きく3つの増加期がある．

第1の増加期は1950年代中頃をピークに形成されたものであり，第2は80年代中頃，第3は98年以降2011年頃までをピークとして形成されるものである．98年以降の増加期は，全期間を通じて最大・最長のものとなっており，厚生労働省（2005, 2007, 2010, 2013a）の統計によれば，98年から2011年までの期間に約43万人の人々が自ら命を絶ったということになる．年平均にして約3万人という死者の数は，戦後日本が経験したいかなる自然災害の死者数をも単年で上回る規模である．

また，図1-1から2つ目のポイントとして注目しておきたいのは，自死者数の「男女差」についてである．男性に焦点を定めた場合，98年以降の自死者数は統計史上もっとも高い水準に達しているが，女性では50年代と同程度の水準におさまっている．この点に関してWHO（2012）の資料による

図 1-1 自死者数の長期推移

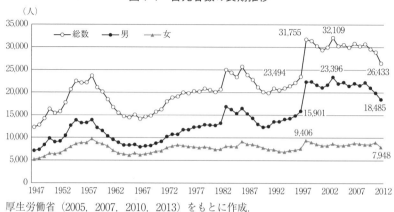

厚生労働省（2005, 2007, 2010, 2013）をもとに作成．

と，男性に自死が多いということはほとんどの国に共通した傾向であることが確認されており，日本の男女差が諸外国に比べて特別に大きいというわけではない[3]．しかし，日本におけるその差は 70 年代以降拡大する傾向にあり，第 3 の増加期ではいっそうの大きな差が生じている．この点は現代の日本の自死動向に関する明確な特徴として認識しておく必要がある．

以上の点は，実数のうえのみではなく，自死率という指標に置き換えた場合にも同じく認められる傾向となる．自死率とは自死者数を人口で割り 10 万をかけることで求められる値であり，その数値は人口 10 万人に対する自死者の数を表す．実数で比較した場合には，人口規模の影響を直接に反映することとなるため，実質的な自死の多寡を測るためにはこの指標を用いた比較が重要となる[4]．確認のため図 1-2 として，自死率の長期推移（男性・女

---

3) それぞれの国の統計方法の違いや，参照されている時点が違うことに注意する必要があるが，日本の自死率の男女差はここではむしろ低いグループに属する（例：日本 = 約 2.7 倍，アメリカ = 約 3.9 倍）．なお，日本の女性の自死率自体は，高いグループに属している（WHO 2012）．

4) 自死率の比較を行う場合，人口の年齢構成の変化の影響を考慮した「自殺年齢調整死亡率」が用いられる場合がある．

第1章 日本の自死動向と過労自死の位置づけ　21

図1-2　自死率の長期推移

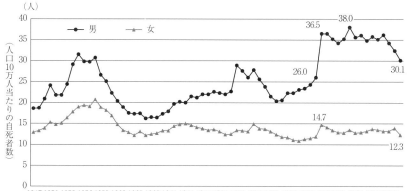

厚生労働省（2005, 2007, 2010, 2013）をもとに作成.

性）を示しておきたい．

　全体的には実数の場合とほとんど同じ傾向を示しているが，とくに男女差という点においては，より明確にその差を確認することができる．

　ところで，日本の自死が経済的な要因と強くかかわっていることは序章でも述べたが，改めて3つの増加期と時代背景を照らし合わせてみると，第1の増加期（1950年代）は「なべ底不況」[5]，第2の増加期（1980年代）は「円高不況」，第3の増加期（1998年以降）については「平成不況」とおおむね重なっていることがわかる（冨高 2011: 20）．むろん，一人ひとりの死の理由は各人各様であるものの，全体的な自死率の推移がこうした社会的背景の変化に影響を受けていることは明らかである．自死が社会的な行為としての一面を持つことを再認識しつつ，統計の確認を続けたい．

---

[5]　50年代の増加期については，なべ底不況と自死率上昇の時期が若干ずれているが，他の説明としては「戦前の価値観からの急激な転換」や「青年期に受けた戦時体験」がこの時期の自死増加に影響を及ぼしていた，という指摘もある（内閣府 2012）．

22 第Ⅰ部 過労自死の背景と研究課題

第2節 年齢階層別の推移

前項では 1998 年以降の第 3 の増加期が統計史上最悪の水準にあり，とくに男性の自死が増加していたことをみてきたが，年齢階層別の推移にはどのような特徴があるだろうか．図 1-3 に年齢階層別自死者数の推移（男性）を示した．

これによると，第 3 の増加期にはすべての年齢階層で自死者の増加を確認できるが，受難者はとりわけ 40〜69 歳の中高年男性に偏っていたことがわかる．たとえば，98 年では自死者全体の 4 割強をこの年齢層の男性が占めており（男女合計 3 万 1755 人中 1 万 4028 人），こんにちにおいてももっとも自死の多い層であり続けている．

一方で，図 1-4 に示したように女性の場合は男性に比べ年齢階層の違いによる差が少ない．また，98 年の増加幅も男性に比べて明らかに小さく，実数も大幅に少ないことがわかる．

以上のことから，第 3 の増加期について検討するうえでは，まず「中高年」の男性に焦点を定める必要性が見出され，それは自死率でみた場合にも同様である．図 1-5 には年齢階層別の自死率の推移（男性）を示しているが，これによると 40 歳以降の中高年の自死率が相対的に高いことがわかる．

なお，自死率でみた場合，実数のうえでは比較的に少なかった 70 歳以上（とくに 80 歳以上）の高齢層の値が高くなっているが，傾向としては年々減少しており，反対に若年〜中堅層（20〜30 歳代）では増加傾向にあったことがわかる．そのことをより明確にするために，図 1-6 には 1998 年の自死率を 100 とした場合の，20〜30 歳代，および 70 歳以上の自死率推移（男性）を示した．

これによると，70 歳以上の自死率は 98 年以降漸次的な減少傾向を示しており，2002 年以降はほとんどの時点で 97 年を下回る水準にあったことがわかる．一方，20〜30 歳代は 98 年以降も自死率が上昇しており，2009 年の時点では 125.4 に達している（同年中の 70 歳以上の値は 79.0）．序章でも触

第1章　日本の自死動向と過労自死の位置づけ　23

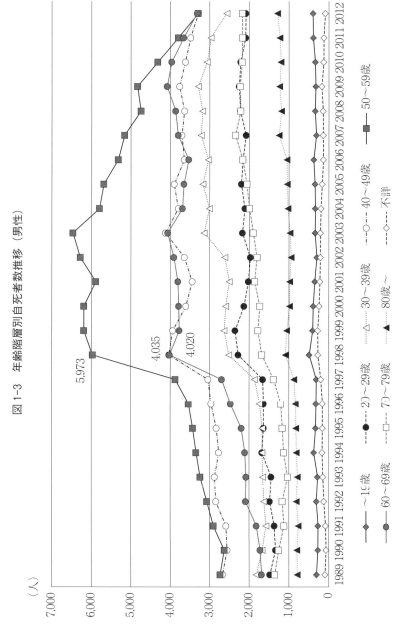

図1-3　年齢階層別自死者数推移（男性）

厚生労働省（1993, 1998, 2003, 2007, 2010, 2013）をもとに作成.

24 第Ⅰ部 過労自死の背景と研究課題

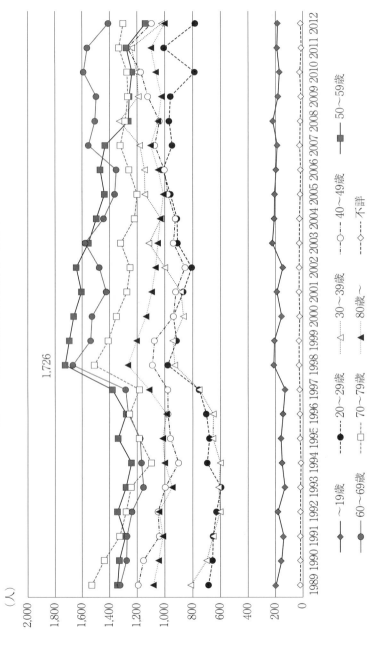

図1-4 年齢階層別自死者数推移（女性）

厚生労働省（1993, 1998, 2003, 2007, 2010, 2013）をもとに作成．

第1章 日本の自死動向と過労自死の位置づけ 25

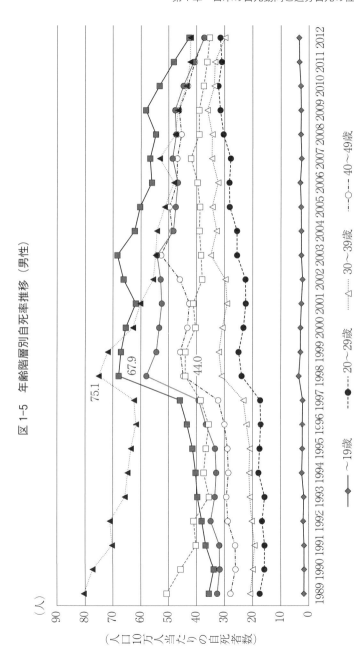

図1-5 年齢階層別自死率推移（男性）

厚生労働省（1990, 1993, 1996, 1998, 2000, 2003, 2004, 2007, 2009, 2010, 2013）をもとに作成.

26　第Ⅰ部　過労自死の背景と研究課題

図1-6　1998年の値を100とした場合の年齢階層別自死率推移（男性）

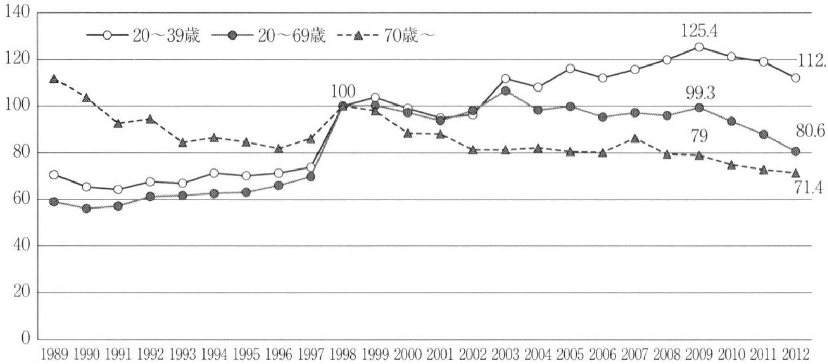

厚生労働省（1990, 1993, 1996, 1998, 2000, 2003, 2004, 2007, 2009, 2010, 2013）
をもとに作成.

れたように高齢者の自死が減り，若年〜中堅層の自死が増えるという世界的
な傾向は，日本でも進行していたことが確認される.

　以上の点を踏まえると，第3の増加期を検討するにあたっては，中高年男
性のみに焦点を定めるのではなく，20〜60歳代の男性，すなわち「生産年
齢に該当する男性」を自死の危険性が高い一群として認識する必要性が見出
される[6)7)]．同じく図1-6には，その一群の自死率（98年を100とした場合
の値）の推移についても示しているが，これによると，20〜60歳代の男性
の自死率は98年以降2000年代を通じてほぼ一貫して統計史上最悪の水準に
あったことが読み取られる．なお，2010年以降ではすべての年齢階層で減

───────────

　6)　生産年齢（生産年齢人口）とは，通常15歳以上65歳未満を指して用いられるが，
　　　95％以上が高校に進学する現在では15〜18歳の労働者は相対的に少数であるため，
　　　本書では20歳未満を除外して用いている．また近年では定年延長や定年退職後にな
　　　んらかの仕事に従事する場合も少なくないため69歳までをここに含めている.
　7)　この一群（20〜60歳代男性）の単純な自死率を算出してみると，39.0となり，そ
　　　れ以外の層の15.0に比べて2.6倍の値となる．なおこの値は人口動態統計（厚生労
　　　働省2012a）を用いて算出した2011年中の自死率であり，「それ以外の層」とは
　　　0〜19歳・70歳以上の男性，および全年齢階層の女性を指す（年齢不詳は除く).

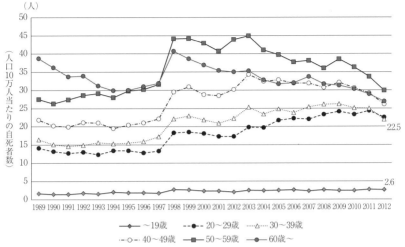

図 1-7 年齢階層別自死率推移（男女計）

内閣府（2014）をもとに作成.

少傾向へと転じているが，20〜69歳では依然として97年までよりも高い水準にあったことがわかる．

上記の点とも関連するが，日本における年齢と自死の関係をみるうえでもっとも明白な事実は，人口のほとんどが何らかの教育機関に在籍する10代後半までの自死率は相対的に低く，それ以降（学卒後）に跳ね上がるということである．

図1-7は年齢階層別の自死率の推移（男女計）を示したものであり，これによると19歳までの自死率は常に最下位に位置しているが，次点の20〜29歳になると，およそ9倍にまで急激に自死率が上昇していることが確認できる（2012年時点で8.7倍）．

なぜ20歳未満の自死率がこれほどまでに低く，それ以降急激に高まるのか．20歳以降，急速に自死に傾きやすくなる生物学的な変化が生じるとは考えにくく，高校ないし大学卒業後の社会的なライフイベントが自死に強く影響を与えると考えるのが妥当であるだろう．自死が社会的な要因の影響を反映した現象であることは，こうした点からも傍証を得ることができる．同

28　第 I 部　過労自死の背景と研究課題

時に，学卒後に経験されるもっとも一般的なライフイベントは就職であると考えられ，そこに労働と自死の関係に注目する必要性が見出される．そのことは次節の原因・動機別統計，ならびに職業別統計をみていくことで，より明らかとなる．

第 3 節　動機・職業別の動向

　自死の原因・動機については警察庁の「自殺統計」において推定・集計されてきたが，2007 年に自殺統計原票が改正され，1 人の自死につき最大 3 つまでの原因・動機を計上するようになった（それまでは 1 人につき，ひとつを計上）．それにより，2006 年以前のデータと以降のデータは単純に比較することができない状況となっている．そこで，まずは原票改正前の 2006 年までの状況を概観し，その後，2011 年のデータを参照しながら「生産年齢に該当する男性」の状況について整理していくこととする．

　図 1-8 は 2006 年までの原因・動機別長期推移を示したものである．これによると，2006 年時点でもっとも多いのは「健康問題」であり，他の原因・動機と比べて常に飛びぬけて多い要因となっている．

　原因・動機別の統計は原票改正まで大きく 8 つの分類が示されるのみであったが，改正後にはさらに詳細な内訳も開示されるようになった．全期間を通じて最多の要因である「健康問題」について 2011 年中の内訳を確認すると，計上されている 1 万 4621 件（男性 8214，女性 6407）のうち，「うつ病」が 6513 件，「統合失調症」1313 件，「その他の精神疾患」1207 件と約 6 割を精神疾患が占めている．精神疾患が自死の主要な要因であることは WHO（2000）の見解によっても広く知られており，日本もその例外ではないことがわかる[8]．

　ただし，「健康問題」は 98 年に増加を示したのちは，80 年代中頃の水準に近くなっており，依然として重要な要因ではあるものの，第 3 の増加期に特徴的な要因とはいえない．その点，次に多い「経済・生活問題」は 98 年以降もそれまでの約 1.5～2 倍程の水準で推移しており，第 3 の増加期にお

第1章　日本の自死動向と過労自死の位置づけ　29

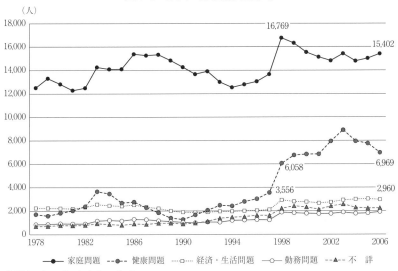

図1-8　原因・動機別長期推移

内閣府（2012）をもとに作成．

ける特徴としてとらえることができる．「経済・生活問題」以下には，「家族問題」，「不詳」，「勤務問題」が続き，図に示されてはいないが自殺統計原票改正後の2007年以降も，こうした傾向や順位に大きな変化はない．

　ここまでは，性・年齢を分けない全体的な傾向をみてきたが，「生産年齢に該当する男性」に焦点を定めた場合にはどのような特徴が見出されるだろうか．2011年中の内訳をみていくと，まず，若年〜中堅層（20〜39歳）の男性にもっとも多い原因・動機は「健康問題」（1638件）であり，以下，

---

8)　精神疾患（とくにうつ病）が自死の重要な要因であることは広く知られているが，うつ病患者のすべてが自死に至るというわけではない．斎藤清二は，うつ病患者が自死によって亡くなる可能性は，全人口と比較しておよそ3倍高いと推定されるものの，「米国におけるうつ病（感情障害）患者のうち，自殺の危険性のために入院の必要があった（通常重症のうつと判定される）人を除く，軽症〜中等症のうつ病の患者の生涯自殺率はトータルでは3％前後と考えられる」と指摘している（斎藤2014：4）．

30　第Ⅰ部　過労自死の背景と研究課題

「経済・生活問題」(1184件),「勤務問題」(1010件) となる. 次に, 中高年男性について 40〜69 歳の内訳を確認すると, もっとも多いのは「健康問題」(4359件) であり,「経済・生活問題」(4222件),「勤務問題」(1279件) が以下に続く. 全体に比べて「健康問題」とそれ以外の要因間の差が小さく,「経済・生活問題」と, とくに若年〜中堅層においては「勤務問題」の多さが目立つ.

　なお, 同年中,「生産年齢に該当する男性」の職業別統計では,「無職者」(7472人),「被雇用者・勤め人」(6558人) となり,「被雇用者・勤め人」が全体の 38.9% を占める (無職者 = 44.4%)[9]. 一方, それ以外の層では,「無職者」(1万596人),「被雇用者・勤め人」(1648人) であり,「被雇用者・勤め人」の占める割合は 12.1% となる (無職者 = 77.8%). したがって,「生産年齢に該当する男性」では,「被雇用者・勤め人」の割合の高さに特徴があるといえる.「被雇用者・勤め人」(男性) の原因・動機としては, やはり全体と同様に「健康問題」(1904件) が最多となるが,「勤務問題」(1898件) もほぼ同数で次点につけており特徴的である.「勤務問題」の内訳としては「仕事疲れ」(564件) がもっとも多い.

　以上の点から, 第3の増加期における自死の危険性が高いグループ, つまり「生産年齢に該当する男性」の自死を検討するうえでは,「仕事」との関係に注目する必要性が見出される. 実際, 仕事と自死, あるいは「仕事疲れ」による自死の存在は, 1990 年代以降,「過労自殺」(過労自死) という概念の登場とともに社会的な関心を集めてきた. もちろん「無職者」の自死も深刻な問題であることは間違いないが,「無職者」の自死については, その危険性が高いことが以前から知られており, 必ずしも第3の増加期に特有

---

9)　職業別の統計も 2007 年から改正されたが, 順位は長期的に見てほぼ一定である. また,「被雇用者・勤め人」にはパートやアルバイトで独立して生計を立てていたと認められる者も含まれる. ちなみに, 20〜59 歳男性に限定した場合では「被雇用者・勤め人」(5862人),「無職者」(5139人) と合計数が逆転する. とはいえ,「被雇用者・勤め人」と「無職者」では母集団が違うため,「無職者」に自死の危険性が高いことは意識されなければならない.

第1章　日本の自死動向と過労自死の位置づけ　31

の問題とはいえない．自死を通じて現代社会の危機の所在を検討するために
は，現代に特徴的な自死の類型，すなわち過労自死についての分析が必要で
あると考えられる[10]．そこで次節では，具体的な過労自死の発生状況につ
いて，精神障害にかかわる労災請求件数の推移を確認しておこう．

第4節　過労自死の発生状況

　先述のように，警察庁の「自殺統計」は2007年に自殺統計原票を改正し
て以降，1人の自死につき最大3つまでの原因・動機を計上するようになっ
ている．そのため，「被雇用者・勤め人」（男性）の「勤務問題」（1898件）
ないし「仕事疲れ」（564件）の件数を，そのまま過労自死の発生件数とと
らえることはできない．たとえば，ある人物の自死の原因・動機として「仕
事疲れ」による「勤務問題」と，「介護・看病疲れ」等の「家庭問題」，「負
債（多重債務）」等の「経済・生活問題」が同時にカウントされることが論
理的にありうるが，その場合，これを過労自死と断定することは難しいから
である．

　より厳密な意味において過労自死の発生状況を集計しているものとして
は，厚生労働省が取りまとめる「脳・心臓疾患と精神障害の労災補償状
況」[11]がある．このうち，脳・心臓疾患の労災補償状況にはいわゆる過労死
の発生状況が，精神障害の労災補償状況には過労自死の発生状況がまとめら
れている．

---

10)　性・年齢を分けず全体として職業別の自死者数をみた場合，「無職者」が次点の
　　「被雇用者・勤め人」を大きく上回り（約2倍），最多となっている．その点，「無職
　　者」の自死はたしかに深刻な問題であるといえる．しかし，「無職者」のなかには職
　　を失した「失業者」が一定数含まれている．したがって，雇用・労働環境の変化とよ
　　り密接な関連が想定される過労自死について検討することによって，より基底的な背
　　景の追究につながるものと考えられる．

11)　2015年より「過労死等の労災補償状況」として公表．

32 第Ⅰ部 過労自死の背景と研究課題

　図1-9に示したように，日本における精神障害の労災請求件数は，1998年以降急激に増加する傾向を示しており，その値は98年の42件から2013年の1409件へと，15年間で約34倍にまで高まっている．このような急激な変化に対しては，臨床の現場からも報告が寄せられており，たとえば精神科医の加藤敏（2013）は，2000年前後から職場での過重労働が主な要因となって生じるストレス関連うつ病――「職場結合性うつ病」が増加していることを指摘し，日本の労働環境が急速に悪化していると警鐘を鳴らす．

　なお，図1-9は精神障害に関する労災請求全体の件数を示したものであり，そこから自死（未遂含む）案件のみを取りだすと図1-10のようになる．全体と比べて件数は少なくなるものの，やはり98年頃から増加傾向にあることがわかる．

　こうした過労自死（精神障害による労災）の発生状況については，留意すべき点として以下3点が挙げられる．

　その1点目は，これまでにみてきたのは，精神障害による労災請求の件数であり，労災として認められた件数ではないという点である．自死の認定件数でみた場合，年度による違いもあるが，おおむね年間70件程度（2009～2013年の平均認定率＝約40％）と少なくなる．

　2点目は，98年頃からの労災請求増加傾向が，労災に関する制度の変化によって生じている可能性についてである．たとえば，精神障害による労災の判断指針（「心理的負荷による精神障害等に係る業務上外の判断指針」，基発第544号）が示されたのは1999年であるが，その年の労災請求件数は前年比約3倍と大幅に増加している（図1-9，1-10参照）．このことは，労災請求の増加が，制度の変化によりもたらされたものであり，実態として過労自死等が増加していたとはいえない可能性を示唆する．しかしながら，99年の判断指針は，それ自体「精神障害等に係る労災請求事案については，最近増加傾向にある」ために策定したものと謳っている．そのため，制度的な変化は過労自死等の増加が先行して生じていたことの結果ととらえるべきであり，90年代を通じて過労自死等の事案は確実に増加していたと考えてよいだろう．

図 1-9 精神障害の労災請求件数推移

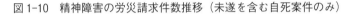

厚生労働省（2014b）をもとに作成．

図 1-10 精神障害の労災請求件数推移（未遂を含む自死案件のみ）

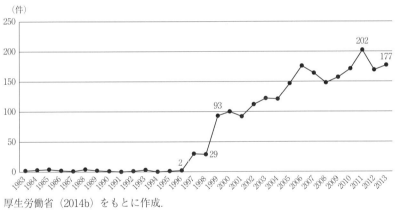

厚生労働省（2014b）をもとに作成．

　最後に3点目として，これまでにみてきた労災の請求件数推移は，過労自死の発生状況を過少にしか反映していない可能性があることを挙げておきたい．詳しくは次章でみていくが，精神障害による労災請求では，手続きの複雑さや満たすべき要件の多さなどから，実際に生じた事案のごく一部しか表面化していない可能性がある（森岡 2013: 19）．「過労自殺」概念の提唱者である川人博（2014a）は，労災請求件数にあらわれているのは「氷山の一角」であるとし，「自殺統計」における「勤務問題」の件数と同等，あるい

34 第Ⅰ部 過労自死の背景と研究課題

はそれ以上の規模で過労自死が発生していると述べている[12].「勤務問題」の該当件数を過労自死の件数ととらえることに問題が含まれることは先に指摘したとおりであるが，労災申請件数（あるいは認定件数）のみを過労自死の発生件数ととらえることにも問題が含まれることを認識しておく必要がある.

　以上のように，1990年代後半以降，増加傾向にあることは明らかであるが，具体的に何件程度生じているのかということについて明確に把握することができないのがこんにちの過労自死をめぐる状況である．このような実態把握の難しさの背後には，過労自死という現象に対する定義の問題が存在しているものと考えられる．自死の原因・動機を推定すること（自死を"○○による自死"として同定すること）の難しさは，過労自死に限られたことではないが，とりわけ過労自死という現象はこれまで行政上「存在しないもの」として認知や定義づけが避けられてきた経緯もある．このような「経緯」については，次章で確認していく.

おわりに

　本章では，主に1998年以降の日本の自死動向を，性・年齢階層別に概観し，20〜60歳代の男性，すなわち「生産年齢に該当する男性」が自死の危険性が高い一群となっていることを確認してきた.

　具体的に振り返ると，まず第1節では，日本における長期的な自死率の推移を概観し，日本の自死率の推移に大きく3つの増加期（第1＝1950年代中頃をピークとする増加期，第2＝80年代中頃をピークとする増加期，第3＝98年以降の増加期）があることを確認した．このうち第3の増加期では，統計史上もっとも自死率が上昇していたことを確認してきた．また，その増

---

12)　川人は，原因・動機が特定できなかったケースが存在していることを考慮するならば，実際にはそれ（勤務問題による自死者数）以上の件数になるであろうと指摘している（川人 2014b）.

加はとりわけ男性に顕著であった.

　続いて第2節では，年齢階層別の動向を確認し，第3の増加期においては，20〜60歳代の男性，つまり「生産年齢に該当する男性」が，自死の危険性が高い一群となっていることを指摘した.

　次に，第3節では原因・動機別の推計（2011年中）を概観し，「生産年齢に該当する男性」に焦点を定めた場合，「経済・生活問題」と「勤務問題」の多さが目立つこと，職業別統計では，「被雇用者・勤め人」が占める割合の高さに特徴があることを確認してきた. また，「被雇用者・勤め人」（男性）における原因・動機としては，「健康問題」が最多となるものの，「勤務問題」もほぼ同数となっているところに特徴があった. その「勤務問題」の内訳としては「仕事疲れ」が最多の理由となっていた. 以上から，「生産年齢に該当する男性」の自死を検討するうえでは，「仕事」との関係に注目する必要性が見出されたのであった.

　それを踏まえ，第4節では日本における過労自死の発生状況について確認する作業を行った. 実際には具体的な過労自死の発生件数を把握することは困難であるものの，労災の請求件数推移からは1990年代後半以降，確実に増加傾向にあると考えられることが確認された. なお，こうした実態把握の困難さの背景には，過労自死の定義の難しさや，行政上「存在しないもの」として認知・定義づけが避けられてきた経緯があることを併せて指摘しておいた.

　本章では，統計をもとに日本の全体的な自死動向と過労自死の発生状況をみてきたが，次章ではまず過労自死（過労自殺）概念が提唱され，広く社会的に認知されるようになった経緯を確認する. その後，過労自死の原因や特徴にかかわる先行研究の到達点と課題を整理し，問題の所在をより明確にしていくこととする.

　最後に，本章の結びにかえて，かつて F. Engels（1845＝2000）が，19世紀イギリス（ロンドン）の劣悪な労働環境，社会状況を告発した記述を以下に引用しておきたい.

36 第Ⅰ部 過労自死の背景と研究課題

　　ある個人が他の人の身体を傷つけ，しかもそれが被害者の死にいたる
ような傷害であるなら，われわれはそれを傷害致死と呼ぶ．もし加害者
が，その傷害が致命的となることをあらかじめ知っていたら，われわれ
はその行為を殺人と呼ぶ．しかし社会が（中略），あまりにも早い不自
然な死に，剣や弾丸によるのと同じような強制的な死に，必然的におち
いらざるをえないような状態においているとすれば，またもし社会が何
千人もの人から必要な生活条件を奪いとり，彼らを生活できない状態に
おくとすれば，またもし社会が，法律という強大な腕力によって，彼ら
を，こういう状態の必然的な結果である死がおとずれるまで，こういう
状態に強制的にとどめておくとすれば，さらにもし社会が，これら何千
人もの人がこういう状態の犠牲となるに違いないことを知りすぎるほど
知っており，しかもこれらの状態を存続させているならば――それは個
人の行為と同じように殺人であり，ただ，かくされた陰険な殺人であ
り，誰も防ぐことができず，殺人のようには見えない殺人である．（中
略）イギリスの労働者新聞がまったく正当にも社会的殺人と名づけたこ
とを，社会が毎日，毎時間，犯しているということ，社会は労働者を健
康のままではいられず，長くは生きられないような状態においているこ
と，こうして労働者の生命を少しずつ，徐々に削りとり，そして早ばや
と墓場へつれていくことを，証明しなければならない．さらに私は，こ
ういう状態が労働者の健康と生命とにどんなに有害であるかを，社会は
知っており，しかもこの状態を改善するためになにもしていないという
ことも，証明しなければならない．（Engels 1845＝2000: 149-50）

　このEngelsによる文章は，過労死，過労自死にかかわる法的救済の途を
切り開いてきた弁護士の岡村親宜（2002）によっても紹介されている一節で
ある．むろん，当時の労働者がおかれていた状況とこんにちの日本社会の状
況を並列に語るわけにはいかないものの，日本では1998年以降10年以上に
わたり毎年3万人前後もの自死者を出してきたことは本章を通じてみてきた
とおりである．われわれはそのような状況が存在していることを知ってお

り，とりわけ，過労自死問題に関しては事態を改善できずにこんにちに至っている[13]．Engels が告発した「社会的殺人」との共通性を意識せずにはいられない．以下の章では，こうした「社会的殺人」が横行する日本社会の一端をデータとその分析により明らかにしていく．

---

13) 「自殺対策基本法」（2006 年）に基づく社会的対策の実施等の影響もあり，昨今（2011 年以降），日本の全体的な自死率は低下傾向にある．しかし，国際的な比較において日本の自死率は依然として高い水準にある．

第2章　過労自死の社会問題化と課題

はじめに

　前章では既存統計資料を整理し，日本の全体的な自死動向，ならびに近年，過労自死が急速に増加していると考えられることを確認してきた．過労自死は現代社会の危機を追究するための格好の分析対象であり，近年の動向を踏まえれば，企業の労務管理や社会政策を検討するうえでも喫緊の課題となっている．実態解明の社会的意義は大きい．

　そこで本章では，過労自死がどのような要因によって生じるのかという点について，先行研究の到達点と課題を提示していくこととする．要点を先に述べておくと，以下ではこれまでの先行研究の多くが過労自死を過労死の一種とみなして議論しており，両者の違いを十分に検討できていないということをみていく．このことは，過労自死の特徴が正確にとらえられていないということを意味しており，ここから両者の要因を比較検討する必要性が見出される．本章はそれに先立ち，これまでの先行研究の知見を整理し，過労自死の特徴に関する仮説を構築することまでを目的とする．

　本章の構成は以下のとおりである．第1節では，まず過労自死問題の全体像・背景をとらえるために，過労自死が社会問題として広く認識されるまでの経緯について確認していく．過労自死の社会問題化の過程を理解するためには，先行して社会問題化していた過労死問題，ならびに労災補償の変遷について触れておく必要がある．そのため，まずは過労死に関する議論に触

40　第Ⅰ部　過労自死の背景と研究課題

れ，続いて過労自死に関する議論をみていくこととする．

　次に第2節では，これまで過労死，過労自死問題に関してたびたび論じられてきた，当事者は「なぜ死に至るまで働くのか」，「なぜ仕事を辞められなかったのか」という点についての議論を整理する．詳細は省くが，この議論は過労死，過労自死の発生メカニズムにかかわる重要な論点を含んでいる．本章ではこの点に関する先行研究を3つの観点に分けて整理し，当事者が仕事を辞められない理由について検討していく．

　第2節の作業により，当事者が仕事を辞められない理由については一定の理解を得られるものの，課題も残る．それは，第2節にみた議論からは，同じような背景のなかから，なぜ，過労死と過労自死という異なる結果が生じるのか（結果が分かれるのか）を説明できないという点である．この問いは過労自死という現象の正確な理解のためにきわめて重要であり，かつこれまでの先行研究では十分に明らかにされてこなかった課題である．

　そのため，第3節では，過労死，過労自死の具体的な要因に焦点を定めて先行研究を整理し，過労自死に特有の要因に関する仮説を提示する．

第1節　過労自死の社会問題化と背景

1　過労死の社会問題化

　ここでは過労自死に先行して注目を集めていた，過労死の社会問題化の経緯をごく簡単にみておくこととする．

　まず，過労死という概念は1970年代に，仕事上の疲労蓄積を主因とする脳・心臓疾患による急死に，個別の病名とは別の，原因を示す包括的な名称として医師らにより提唱されたものである（元森 2012: 169）．むろん，労働に起因すると考えられる急死はそれ以前から認知されていたが，70年代以降，労働環境の変化とともに脳血管疾患，心臓疾患による死亡の割合が高まったことを受け，社会医学的な疾病名として提唱されたという経緯がある（上畑・田尻編 1982）．周知のように，70年代は2度の石油危機を経験し，

新規雇用の手控えと総労働時間の増加がみられるようになった時期であった（菅野・奥山 1983: 655）.

　その後，この問題が社会一般に認識されることとなる大きなきっかけは，1988 年に弁護士・医師らによって「過労死 110 番」[1] が開設されたことにある．過労死の労災補償に関する電話相談窓口が開設されるや全国から相談が殺到し，メディアでとりあげられたことにより，社会問題として認識されることとなった．その反響は国内にとどまらず，バブル景気の只中，「豊かな時代になったにもかかわらず死ぬまで働かなければならない」日本の労働問題を象徴する現象——Karoshi——として，海外からも注目を集めることとなった（元森 2012: 169）.

　以下，過労死の具体的なイメージを共有するために，京都地判平成 22 年5 月 25 日（LEX/DB 文献番号 25442273）を参照し，事例 1 を紹介しておくこととしたい．

事例 1　大庄事件

　本件は，大学卒業後新卒で大手居酒屋チェーンに入社した 24 歳の男性（以下，A）が，入社からわずか 4 カ月後に過労死した事例である．

　A が勤務していた企業（以下，被告企業）では「月 80 時間の時間外労働」を前提とする「みなし残業制度」が採用されていた．これは，本来なら基本給というべき最低支給額に，時間外労働 80 時間分が組み込まれているという給与体系である．厚生労働省が定める過労死ラインが「月 80 時間の時間外労働」であることからも，A がきわめて劣悪な労働条件を強いられていたことがうかがえる．A の死亡，ならびにこの給与体系の存在が明るみに出ると，本事例は多くのメディアでとりあげられ注目を集めた．以下，A の遺族により起こされた損害賠償請求裁判の資料から，事件の顛末を概観していく．

---

1)　過労死・過労自死・労災等の相談を受け付ける弁護士が活動する全国ネットワーク．この年（1988 年）より活動を開始し，以降，継続的に活動を行っている．

42 第Ⅰ部 過労自死の背景と研究課題

Ａが被告企業に入社したのは 2007 年 4 月であり，入社後は調理担当の従業員として勤務していた．Ａは生真面目で何事にも一所懸命に取り組む性格であったとされ，将来的には自分で飲食店を経営したいという希望を持っていた．しかし，入社直後から過重な労働が続いた結果，上述のとおり，わずか約 4 カ月後の 8 月 11 日に急性心不全により死亡した．

生前のＡの勤務状況はどのようなものであったのか．遺族によれば，入社後のＡは毎日午前 7 時頃に自宅を出て，遅くとも午前 8 時半までには勤務先の店舗に出勤．午後 11 時過ぎに退勤し，午前 0 時過ぎに帰宅するという生活を送っていたとされる．単純計算で 1 日 15 時間程度を勤務先で過ごし，通勤時間を含めればおよそ 17 時間を拘束されていたということになる．

裁判ではＡの時間外労働時間数について，死亡前の 1 カ月間で約 103 時間，2 カ月目では約 116 時間，3 カ月目では約 141 時間，4 カ月目では約 88 時間におよび，入社直後から恒常的な長時間労働となっていたことが認められている．さらに，裁判ではＡが上記のような長時間労働に従事していたにもかかわらず，勤務中の休憩時間が 1 時間も確保できていなかったこと，仕事は調理場での立ち仕事であり肉体的な負担が大きかったこと，調理場では 1 人しかいない新入社員であり，周りに気を配らなければならない立場であったこと等が指摘され，Ａの死亡が「長期間の過重業務」に起因するものであることが認められている．

このような，きわめて長時間の過重労働による突然の死，すなわち過労死は，バブル期からおよそ 30 年が経過したこんにちにおいても解消されることなく日本の労働者にとって深刻な問題として存在し続けている．

2 過労自死の社会問題化と労災補償の変遷

次に，過労自死の社会問題化についてみていく．「過労自殺」は，過労死が社会問題として定着した後，弁護士の川人博（1998）によって提唱された概念である．川人は「過労自殺」を過労死の一種と位置づけ，「仕事による過労・ストレスが原因となって自殺に至ること」であると定義した（川人 1998: ⅲ）．この概念が提唱されて以降，労働に起因する自死の存在が注目

を集め，法的救済に関する議論も加速することとなった．

　では，「過労自殺」概念が提唱された背景とはどのようなものか．「過労自殺」概念が提唱されなければならなかった理由は，過労自死の法的救済に関する議論のなかに読みとくことができる．その経緯を以下にみていこう．

　労働に起因する自死の法的救済制度は，「過労自殺」概念が提唱されるはるかに以前から存在していた．戦後では，1947年に制定された労働基準法，ならびに労災補償制度がそれに該当し，翌1948年5月11日付通達（基収第1931号）によって自死の業務上外判断方針が示されている（岡村 2002: 333）．ただし，制度自体は存在していたものの，実際には自死が労災として認定されることはほとんどなく，90年代後半まで年間0〜2件程度の認定という状況で推移していた．

　自死が労災として認定されにくい理由は，日本の行政機関が戦後一貫して自死を個人の「故意」による自損行為と判断してきたことの影響が大きい（元森 2012: 172）．労災補償は業務における事故・災害への補償を目的とするものであるため，「自由な意思決定」によりなされた（とみなされてきた）自死は労働災害に該当せず，補償の対象外と考えられてきたのである．そのため，たとえば就業中の事故により四肢の一部を切断し，療養中に将来への悲観等から精神障害を発症，結果的に自死に至った，というような因果関係および精神障害の発症が明らかな場合のみが労災の対象とされてきた．かりに，四肢の一部を切断し自死に至った場合でも，精神障害（による心神喪失）が認められない場合は対象外とされてきたのである．

　このような状況に変化の兆しがみられたのは，1980年代になってからである．過労死への関心が高まるなかで，それまで事実上救済の途を絶たれていた労働に起因する自死への関心も高まり，法廷も被災者・遺族の法的救済に門戸を広げる姿勢をみせ始めたのである．たとえば，1984年に設計コンサルタント会社社員の自死未遂事件が，戦後はじめて心因性精神障害による労災として認められている．それまで行政は，精神障害を①神経症，反応性うつ病等の心因を原因とする心因性精神障害，②外傷・薬物等による外因性（器質性）精神障害，③原因のよくわからない内因性（機能性）精神障害の

44　第Ⅰ部　過労自死の背景と研究課題

3つに分類し，②の外因性精神障害のみを労災補償の対象とする方針を戦後
30年近く堅持していた（岡村 2002: 332）．本件はそのような慣例を覆した
という点において重要な意味をもつ事例である．

　また，前述のように88年に「過労死110番」が開設されると，過労死に
加え，自死に関する相談もわずかながら寄せられるようになり，労災請求や
企業への損害賠償請求が行われるようになった．こうした80年代の動きが，
その後の過労自死問題にとって画期的な判決と評価される1996年の「電通
事件」へとつながる（岡村 2002: 380）．以下，この「電通事件」について
遺族側の代理人を担当した藤本正（1996）の著作を参照して事件の概要をみ
ていくことにしたい．

事例2　電通事件

　本件は，大手広告代理店（以下，被告企業）に勤務していた24歳の若手
社員B（以下，B）が，常軌を逸した長時間労働の結果，うつ病に罹患し
1991年に自死したという事案である．

　Bが被告企業に入社したのは大学卒業後の1990年4月であり，同年6月
よりラジオ局ラジオ推進部に配属，営業局関係の業務を担当することになっ
た．配属後の基本的な業務スケジュールとしては，日中のほとんどの時間を
スポンサー企業の勧誘，打合せにあて，午後7時以降，企画書の起案や資料
作り等を開始するという状況であったとされる．入社からしばらくの間は出
勤した当日に帰宅していたが，同年8月頃からは翌日の午前1～2時頃に帰
宅することが多くなった．さらに，同年11月末頃には，帰宅しない日や父
親が使用していた会社近くの事務所に泊まる日が出てきた．

　こうした恒常的な長時間労働は1991年になるといっそう厳しさを増す．
同年7月頃からは帰宅しない日が増え，帰宅したとしても，出勤した翌日の
午前6時半～7時頃であり，午前8時頃には再び自宅を出発するという状況
であった．このころからBは目にみえて顔色が悪くなり，目の焦点も定ま
らず，「自分に自信がない」，「仕事も壁にぶち当たった感じ」といった言葉
を周囲にもらすようになっていた（藤本 1996: 55）．

第2章　過労自死の社会問題化と課題　45

この頃（8月）からBが自死に至るまでの勤務状況について，Bの母親が記した回想録を以下に引用する．非常に長い引用となるが，過労自死の実像を理解するために有用かつきわめて希少な「資料」であると考えられるため詳しくみていくこととしたい（この回想録は裁判においても認定のための資料として採用されている）．なお，引用中，Bの本名が記載された箇所ではBに統一して表記する．

　8月1日（木）　朝6時30分まで会社で残業．7時ころから父の青山事務所で仮眠．7時30分から私が15分おきくらいに家から事務所にモーニングコールの電話で起こし続け，一度はまだ意識が朦朧としているのでいったんとった受話器を電話機にずらしておいたため，次に電話をかけてもつながらない．今度はファックスを鳴らして起こし，「もう大丈夫？」「うん」といって洗面，身支度をして8時半ころ出勤した模様．

　2日（金）　朝6時まで会社で残業．6時半過ぎ帰宅．7時ころ朝食（中略）をお盆に載せて部屋に持っていったら，上着だけを脱いでネクタイを結んだままのYシャツ姿で大鼾をかいて寝ていた．でも時間なので，可哀想におもったが起きるように声をかけて朝食をテーブルの上に置いて私はキッチンに戻った．

　7時30分に様子を見に行くとそのままの格好で寝込んでいた．一生懸命ゆすったり声をかけたり時間を知らせると，むっくりつらそうな顔をしながら起き上り，歯を食い縛るように着替えて急いで出勤した．家から駅まで歩いて3分ぐらいの近い所を，私が車に載せて急スピードで送ってやったが，いつもより遅い8時過ぎの電車になってしまった．

　3日（土）　朝4時過ぎまで残業．5時ごろ帰宅．D社入社後はじめて1日とった休暇で，6時過ぎ羽田8：55発エアーニッポン823便で八丈島に行くために家を出た．後で友達から聞いたところによると，Bはダイビングのライセンス保持者でダイビングはうまいはずであるが，ダイビングをしたところ，前日一睡もしていなかったので耳抜きがうまく

いかず，すぐにリタイヤしたとのこと．

4日（日）　八丈島で最後の休日．

5日（月）　11：05八丈島を出発，12：10羽田に帰着し，夕方帰宅．

6日（火）　朝シャワーを浴びた後，7時50分ころ出勤．

7日（水）　朝6時にBの部屋の目覚まし時計2個とプリセットしてあるラジオの音楽が一斉に鳴り出し，そのまま鳴り続けているので，彼の部屋に行ったところベッドはそのままで，やはり帰っていなかった．夫の青山事務所に電話したが，すぐにとりあげる気配がなく，いったん切ってしばらくして2回目の電話に夢うつつの声でうんと返事があった．夫が9時過ぎに青山事務所に出勤したところ人がいる気配がしてヒョイとソファーを見たとき，Bが服を着たまま吃驚してヨロヨロと立ち上がったので，早く身支度をして出勤するように促したところ，フラフラしながら靴を履き出て行った．

何時まで残業していたのか聞きはしなかったが，様子からみていつものように6時過ぎまで働いて寝込んだところのようにみえた．

8日（木）　会社で徹夜残業．終夜帰宅せず．

9日（金）　朝7時Bから「ずっと会社にいたよ」と電話連絡．今夜は夫の青山事務所に泊まる．

10日（土）　朝7時ごろ帰宅．珍しく昼ごろまで寝て，起きてシャワーを浴びてから，父がつくったカレーライスを食べて，午後4時ごろ友達に会うからと家を出ていった．そのあと午前12時半ごろまで会社で仕事をして1時半過ぎ帰宅．

11日（日）　朝7時に家を出て9時から始まる横須賀ポートランドREGGAE JAPAN SPLASH '91　3万人集会に立ち会った後，会社で午前2時ごろまで仕事をして3時過ぎ帰宅就寝．

12日（月）　朝7時40分ごろ出勤．翌朝6時半ごろまで徹夜勤務．

13日（火）　朝7時過ぎタクシーで帰宅．シャワーを浴びてYシャツと洋服を取り替えて8時ころ出勤．終夜帰らず．

14日（水）　前日より翌朝6時半ころまで徹夜勤務．

15日（木）　夜7時過ぎ帰宅．汗に汚れたYシャツとよれよれになった洋服を取り替え，こざっぱりして8時ころ出勤．終夜帰らず．

16日（金）　会社で徹夜勤務．

17日（土）　会社で徹夜勤務．翌朝6時半ごろ退社．

18日（日）　朝7時過ぎ帰宅．顔に赤い斑点が出ていた．

19日（月）　朝7時50分ころ出勤．会社で徹夜残業．

20日（火）　前日より引き続き徹夜勤務．

21日（水）　朝6時20分ころ会社から電話があり，着替えたいが家に帰る時間がないので，青山の父の事務所で父のYシャツを借りたいとのこと．（後略）

22日（木）　前日より朝6時半ころまで徹夜勤務．7時ころ帰宅．いつものごとくシャワーを浴びて8時過ぎに家を出た．今夜も結局帰らず（後略）．

23日（金）　Bは前日から引き続いて会社で徹夜勤務で朝も帰らず（後略）．

Bは夕方6時ごろ帰宅．久しぶりに早く帰ったのでホッとしたのも束の間，出張の準備をして10時ごろ愛車で八ヶ岳に向け出発した．

24日（土）　原村イベント

25日（日）　原村イベント

26日（月）　原村イベント

27日（火）　朝6時ごろ愛車で帰宅．この日も朝9時から打ち合わせが入っていたが，9時過ぎ同僚のT氏に体調が悪いので休むと電話した．

そして10時過ぎ愛息Bは見守る人もなく最後の息を引き取り，24歳の若き命が絶えました．（藤本 1996: 58-63）

以上のように，Bがきわめて過酷な長時間労働に従事していたことは明らかであり，最高裁はその結果，心身ともに疲労困ぱいし，うつ病に罹患して自死に至ったものと認定した．本件は，過労による自死について，最高裁が

48 第Ⅰ部 過労自死の背景と研究課題

使用者側の責任を全面的に認めたはじめての事案となり，日本を代表する有名企業で起きたということ，労災にかかわる裁判史上最高の1億2600万円の賠償額が認められたということもあいまって，各メディアで広く報じられた．そしてそれ以降，「過労死110番」へ，仕事にかかわる自死の相談が急増することとなった（川人1998: i）．

このような背景のなかで提唱されたのが，川人による「過労自殺」概念である．川人は「過労自殺」を過労死の一種と位置づけ，両者の類似性を強調しつつ，先行して社会問題化していた過労死と結びつけることで，新たな社会問題として認知向上と議論の加速を図ったのである（元森2012: 170）．

その結果，「過労自殺」という概念は，それまで注目されてこなかった労働に起因する自死を可視化させる新たなフレームとして効果的に機能した．これは，「過労自殺」概念が提唱されたことによる重要な利点であるといえる．「過労自殺」概念が提唱された翌年，1999年には自死に関する新たな労災認定指針として「心理的負荷による精神障害等に係る業務上外の判断指針」が制定された．それを受け，1998年に29件であった精神障害に係る労災請求（自死）は，翌99年には93件に急増した．また，2011年には「心理的負荷による精神障害の認定基準」が制定されている．

さらに，近年の過労死，過労自死にかかわるもっとも大きな制度的変化として，2014年6月20日には「過労死等防止対策推進法」が，参院本会議の全会一致により可決，成立している（2014年11月1日より施行）．これにより，国が「過労死等の防止のための対策を効果的に推進する責務を有する」（第4条）ことが明文化され，調査研究の実施（第8条）や，民間団体の過労死等防止活動を支援すること（第11条）等が法的に定められることとなった．本法の成立について，川人は以下のような見解を示している．

　　過労死を防止するために国を挙げて取り組むことを定めた法律の制定は，働く者のいのちと健康を守るうえで歴史的な意義をもつものといえる．
　　1988年以降，過労死という言葉が内外にひろまり，その深刻な実態

が明らかにされるようになってからも，政府の対応は冷淡であった．90年代前半頃までは，日本の労働行政は，過労死という概念自体を否定し，そのようなものは日本に存在しないとまでいっていた．こうした歴史的な経緯を考えれば，過労死という言葉を法律の名称に使用し，かつ，過労死を防止することを「国の責務」として位置づけたことの意義は，はかり知れないほど大きい．（川人 2014a: 267）

　度重なる制度改正および本法の制定は，多くの自死遺族や関係者の地道な取り組みの成果であるとともに，過労死，過労自死に対する社会的な関心が着々と高まってきたことのあらわれであると考えてよいだろう．依然として労働に起因する自死の労災認定率は低く，被災者にはいくつもの障壁が残されているが（井出 2004: 126），「過労自殺」概念が提唱されて以降，法的救済の門戸が拡大したことはたしかである．

　なお，過労死が社会問題化した1970年代の社会的背景としては，石油危機と新規雇用抑制，および総労働時間の増加が指摘されていた．総労働時間の増加は基本的に男性正規雇用者のみを前提とした指摘と考えられるが，この傾向はグローバリゼーションと非正規雇用の増加が進んだこんにち，「労働時間の二極化」としてより鮮明化し，過労自死にとっても重要な社会的背景となっている（森岡 1995, 2005; 水野谷 2004; 井出 2004）．図2-1は男性で年間200日以上就業する非農林業雇用者の1週間の就業時間数の長期推移を示したものである．

　これによると，正規雇用の割合が高いと想定される週43～45時間の層が1980年代後半以降顕著に減少し，反対に非正規雇用の割合が高いと想定される週35～42時間の層が顕著に増加していることがわかる．また，超長時間労働と呼ばれる週60時間以上の就業者は1970年代後半から増加傾向にあり，1974年と2007年を比較した場合，およそ2.3倍まで増加している．

　こうした労働時間の二極化は，仕事の量や質，ならびに責任の二極化としてもとらえられる（玄田 2005: 61）．相対的に労働時間が短く周辺的職務に従事する非正規雇用者が増える一方，一部の正規雇用者に負担が集中するこ

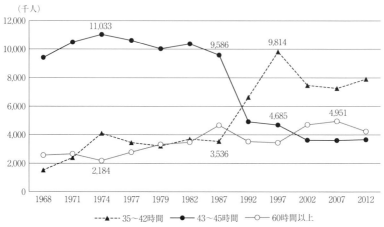

図 2-1　1週間の就業時間数の長期推移

総務省（2013）をもとに作成.

とで，会社内からは助け合う余裕が失われる（大野 2003; 城 2004）．このような状況が過労自死の背景にあることは，分野を問わず多くの先行研究によって指摘されているところとなる（ストレス疾患労災研究会・過労死弁護団全国連絡会議 2000; 熊沢 2010; 加藤 2013; 伊原 2013; 森岡 2013）．

第2節　仕事を辞められない理由に関する検討と課題

　第1節では，過労死の社会問題化との関連を踏まえ，過労自死が社会問題として認識されるようになった経緯についてみてきた．その際，過労自死が労災として認められてこなかった理由は，それが個人の「自由な意思決定」によるものとみなされてきたため，ということを述べたが，これは，過労自死者は「好きで働いて死んだのだから仕方がない」といった見方――自己責任論――に通じる論理といえる[2]．しかし，これまでにみてきたように，過

---

[2] このような見方は，過労死においても共通に存在するものである（川人 1992: 119-20）．

労自死は90年代後半以降，継続的に増加している社会現象であり，これを一個人の問題としてとらえる見方（自己責任論）を肯定することはできない．

ただ，前節の事例にみてきたように，きわめて過酷な長時間労働を強いられていた過労自死の当事者たちが，「なぜ仕事を辞めることができなかったのか」，「死ぬまで働かなければならなかったのか」という点には疑問が残る．この点は社会的背景に関する議論よりもう一段具体的な，過労自死の発生メカニズムにかかわる重要な問題であり，先行研究においても繰り返し論じられてきたところとなる．

そのため，第2節ではこの「仕事を辞めることができない」という問題に関する先行研究を3つの視点に整理し，過労自死者をとりまく状況（構造）について検討していくこととしたい．

1 会社への忠誠心

はじめに，過労自死と「集団本位的自殺」の共通性を指摘した研究についてみていこう．「集団本位的自殺」については序章で触れたためここでは詳しく触れないが，その特徴をひとことで述べると「社会的統合の過剰により生じる自死」というものであった．この視点から過労自死をとらえた場合，それは会社への過剰な統合により生じる自死となり，仕事を辞められない理由は，会社への忠誠心や愛着によるものということになる．

実際，過労死，過労自死に，「集団本位的自殺」に通底する側面があるということは，これまで先行研究でたびたび指摘されている（井上 1995；川人 1998；江頭 2010）．たとえば「過労自殺」概念の提唱者である川人もそのひとりである．川人が過労自死と「集団本位的自殺」の共通性を指摘するにあたり論拠として重視しているのは，過労自死者の遺書に，「おわびの言葉」や「自らを責める表現」が目立つ，ということである（川人 1998：85）．川人が例示している遺書の記述を，以下に引用する．

52　第Ⅰ部　過労自死の背景と研究課題

「部長殿

　だらしない部下をもって本当に申し訳なく思っております．期待にこたえるべくガンバリましたが，力及ばずの結果となってしまいました．この上は，命にかえておわび申し上げますと共に，社長はじめ人事部，会社の方，組合の方々，関係先の皆さんに深くおわび申し上げます．大変な時期にこんな事になり真に申し訳ございません」（課長の遺書）（川人 1998: 85）

「会社の皆様へ

　皆様にお迷惑をかけます．仕事についていけないことをお許し下さい．今まで仕事をやってきて，自分の決断力など力のなさを感じ，このまま仕事をつづけていても，皆に迷惑をかけるだけなので，死にたいと思います．ご迷惑をおかけしました」（技術者の遺書）（川人 1998: 85-6）

「会社に対し多大なご迷惑をかける事とわかっていても，今これしかありません．どうかお許しください．○○さん，△△さん，××さん，本当に申し訳ございません．どうかお許しください．許してください」（課長の遺書）（川人 1998: 86）

　過酷な長時間労働により肉体的・精神的に追い詰められながら，彼らはなぜ会社ではなく，自らを責めるのか．川人はこのような自責の念が精神疾患（うつ病）の典型的な症状であることを認めつつも，日本の労働者の精神構造として会社への強い従属意識，精神的繋縛があると指摘している（川人 1998: 94）．

　もっとも，川人をはじめ他の論者もこうした精神構造が仕事を辞められない理由であると明示的に述べているわけではない．しかし，会社への強い従属意識が当事者を職場に留まらせる要因となることは容易に想像できる．日本社会が「企業中心社会」と呼ばれ，労働者が「企業戦士」，「会社人間」と

呼ばれてきたことに照らしても（宮坂 2002），このような労使間の関係が過
労自死の重要な背景となっている可能性は十分に考えられる．川人は，そう
した会社と労働者の過剰な結びつきに過労自死の背景を見出しつつ，これを
「会社本位的自殺」と呼ぶことが可能と述べている（川人 1998: 94）．

2　仕事倫理と環境の相互作用

　会社への忠誠心を重視する上記の「集団（会社）本位」説とはやや異な
り，大野正和は「企業」よりも「仕事」そのものへの責任感や，まじめさと
いった「仕事倫理」を重視して，仕事（会社）を辞められない状況に関する
考察を展開している（大野 2003: 87）．

　ここで「仕事倫理」について大野は詳細な定義を示していないが，その主
旨は，まわりに迷惑をかけないことを美徳とし過大な仕事を引き受ける献身
的態度を指し，日本社会が時間をかけて培ってきた人的要素と表現している
（大野 2003: 124）．これは，特定の「会社」への忠誠心や従属意識とは似て
非なるものであり，より実存的な「自己実現欲求」というべきものである
（大野 2003: 49）．

　大野の議論においてもっとも重要なことは，上記のような「仕事倫理」
が，人員不足と責任の集中といった「環境条件」と組み合わさることで，仕
事を辞められない状況が生み出されるということである（大野 2003:
75-6）．前節の最後でも触れたように，1980 年代以降の労働環境の変化——
たとえば ME 化や OA 化[3]——は職場における相互支援の関係を弱らせ，グ
ローバリゼーションの進展は労働時間および仕事負担の二極化を引き起こし
た（大野 2003: 25-9）．その帰結は，かりに仕事を辞めた場合，すぐさま社
内外に大きな迷惑をかけることが避けられない「代替のきかない状況」の蔓

　3）　ME = Micro Electronics，OA = Office Automation の略．ME 化とは具体的に「製造
　　機械の制御部分にマイクロエレクトロニクスを組み込むことによって従来は人間によ
　　り行われていた作業を再現し自動化する機械体系のこと」を指す（富田 2011: 30）．
　　1980 年代は「ME 革命」の時代といわれる程，大きな技術的変革として受けとめられ
　　ていた（富田 2011: 30）．

54 第I部 過労自死の背景と研究課題

延である（大野 2003: 78）．大野は，このような「代替のきかない状況」において，「人のことを考える」からこそ，過労自死者は会社を辞めることができなかったのだということを，いくつかの事例を提示しつつ指摘している（大野 2003: 72）．

大野が指摘するようなジレンマ的状況が日本の労働者に広く共通した事態となっていることは，労働政策研究・研修機構（2011）が実施した有給休暇の取得に関する調査結果から傍証を得ることができる．

この調査は，民間調査会社に登録しているモニターのなかから正社員3000人（有効回収数2071票，有効回収率69.0%）を対象として実施された郵送調査であり，年次有給休暇の取得状況等に関する質問がなされている．

その結果，有給を取り残す理由（複数回答可）として，もっとも多かったのは「病気や急な用事のために残しておく必要があるから」（64.6%）であるが，それ以下には，「休むと職場の他の人に迷惑をかけるから」（60.2%），「仕事量が多すぎて休んでいる余裕がないから」（52.7%），「休みの間仕事を引き継いでくれる人がいないから」（46.9%）といった回答が寄せられ，多くの労働者が，「代替のきかない状況」にあるために有給を取得できていないことが明らかとなっている（労働政策研究・研修機構 2011: 31）．もちろん，「有給取得」と「会社を辞めること」では，その後の仕事（生活）や職場への影響度からして同一に語ることはできないが，少なくとも大野の指摘するような状況が日本社会で一定程度広範に存在していることはたしかであると考えられる．

3 経済的不安

大野が会社内部の状況と当事者意識の相互作用に着目して会社を辞められない理由を考察したのに対して，熊沢誠（2010）は，会社外部の労働市場の状況と，当事者意識の相互作用に着目してその理由を検討している．

その論理はシンプルなものであり，正社員が仕事を辞めることができない理由は，キャリア展開が見込めず収入も乏しい非正規雇用状態になることへの不安による，というものである（熊沢 2010: 279-80）．周知のように，日

第2章　過労自死の社会問題化と課題　55

本における非正規雇用者の割合は1990年代以降年々高まっており,「労働力調査」によれば,こんにち,雇用者の4割弱が非正規雇用という状況にある(厚生労働省2015a).雇用形態は年齢・性別によって差があることを意識しなければならないが,多くの労働者にとって非正規雇用となる蓋然性は高まっている.過労自死者が長時間・過重労働に従事し,十分な転職活動を行うことができない状況にあることを考慮すれば,なおその可能性・不安は大きなものであるだろう.こうした経済的不安が,「会社の要請をとにかく呑みこもうとする姿勢」を生じさせることにもつながることとなる(熊沢2010: 279).

　以上のような熊沢の指摘は,素朴ながら非常に説得的である.熊沢はこれを20代の若者が仕事を辞められない理由として指摘しているが,仕事を辞めることに伴う経済的不安は,若者のみにあてはまるものではなく,年齢階層の上昇とともに増大することも考えられる.ライフステージの変化とともに生活費等の支出が増えることは一般的であり,「労働力調査」によれば年齢階層が上昇するほど転職の機会も減少すると考えられるからである(厚生労働省2015a).

　なお,労働政策研究・研修機構(2007)が実施した「若年者の離職理由と職場定着に関する調査」では,35歳未満の正社員10万人(有効回収数1万3320票,有効回収率13.3%)[4]を対象とした郵送調査が実施され,「離職理由」や「転職志向」に関する質問がなされている.

　その結果,離職を思いとどまった理由(複数回答可)として,もっとも多くの回答が寄せられたのは「辞めると生活ができないから」(45.1%)という理由であり,これは経済的不安が仕事を辞められない理由とする熊沢の主張を,一定程度裏づける結果であると考えられる.

---

4)　回収率は低いが,年齢等,回答者の属性に著しい偏りは見受けられなかった(男性60.2%,女性39.3%,未婚67.7%,既婚29.8%).

4 仕事を辞められない状況のモデル

これまで，過労自死者がなぜ仕事を辞めることができなかったのかという問いに関する先行研究の議論を概観してきた．各論者から指摘されていた，①会社への忠誠心，②仕事倫理，③経済的不安という3要因は，いずれも排他的なものではなく，むしろ多くの場合これらがそれぞれ関連しつつ，仕事を辞められない状況が生み出されているととらえるのが妥当であるだろう．以上の議論を踏まえ，長時間・過重労働等のストレスを受けつつも当事者が仕事を辞められない状況を図式化すると，図2-2のようになる．

この図（図2-2）は先行研究を踏まえたうえでの理論的なフレームであり，すべての過労自死ケースで①～③の退職抑制要因が必ず確認されると主張するものではない．実際には，①と②の区別はこの図ほど明確に行えるものではないと考えられ，③については自明であるがゆえに生前に明示的な形で言及されないということもあるだろう．例として，1995年に自死した24歳男性（以下，C）の事例を手短にみてみよう．

この事例は，大学卒業後1993年に食品メーカーに就職し，ソース等製造部門に配属されたCが，高温多湿の過酷な労働環境のもとで，長時間労働

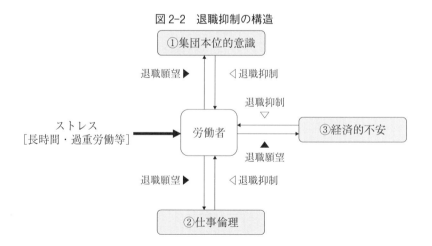

図2-2 退職抑制の構造

等により疲労を蓄積し，入社から3年目に工場内にて自死したという事例である．労災申請ならびに損害賠償請求の軌跡を記した資料によれば，当時の工場の室温は平均して50℃，夏場には60℃に達し，Cの通勤時間を含めた拘束時間は1日15〜16時間に及んでいたとされる（広田2000: 17-30）．

　入社直後，Cは「ベテラン揃いの特注部門で働くことになった」ことに「やりがいがある」と述べ，精力的に日々の作業をこなしていた．しかし，95年4月以降，通常4〜5名の人員が必要な特注ソース作りを先輩社員2名とCの3名で行うようになってからは，明らかに疲労の色が濃くなり，眼球のくぼみや目の下の隈が目立つようになった．

　その頃，Cの体調を気遣った母親が自宅に整体師を呼んだ．約束の時間より1時間遅れて帰宅したCに「こんな身体になるまで，どうして遅くまで働かなくてはならないの．なぜ，あなたは自分を粗末にするの」と尋ねたところ，Cは「ぼくは粗末にしたくないんだけど，会社への責任がありますから」と答えたという（広田2000: 25）．このような，自分の健康よりも，会社への責任を優先させるCの言動からは，上記にみた，①会社への忠誠心というべきものを読み取ることができるだろう．

　さらに，96年4月には同じ職場で働く2名の先輩社員が配置転換・退職したことにより，Cは事実上1人で作業を切り盛りしなければならなくなった．人員補充として2名の配置があったものの，特注ソース作りは未経験であったためCにとっては教育の負担が増えるだけであった．つまり，Cがいなければ作業場がまわらない「代替のきかない状況」が生じていたのである．

　その頃になると，Cは口数も少なく入浴もできないほど疲弊していた．心配した母親が仕事を休むようにいったところ，「絶対に行く．おれがいかにゃぁソースができん」と反発し出勤していたという（広田2000: 39）．このような発言は，①会社への忠誠心と，②仕事倫理のどちらが語らせた言葉であるのか判断が難しいが，職場に迷惑をかけまいとする意識，あるいはものづくりへのこだわりの強さがうかがわれることから，後者に該当するものととらえることができるだろう．なお，Cはその頃，新しく配置された2名

58 第Ⅰ部 過労自死の背景と研究課題

の教育に悩んでおり，「うまく教えることができなくて疲れた．あしたからでも辞めたい」と上司に申し出ていたが，慰留され会社に留まることとなった．Cが亡くなったのは，それから2日後のことであった．

　以上のように，本事例からは上記に図示した①と②についてはその存在を確認することができ，これらの要因が仕事を辞められない理由となっていたものと推察される．一方，本事例では，③経済的不安に該当する記述がみあたらず，①，②の要因に比べて重要度が低かったととらえるべきか，それとも経済的不安が存在しなかったととらえるべきか判断することができない．

　繰り返しとなるが，図2-2はあくまでも論理的に想定されるひとつのフレームである．過労自死が生じる背景を大枠で理解するためのものであり，図にあてはまらない事例や，①〜③以外の要因の存在を否定するものではない．

5　まとめと問題の所在

　本節では過労自死の社会問題化の経緯と社会的背景を踏まえ，より当事者に近い観点から過労自死が生じる状況に関しての議論を確認してきた．それにより，当事者が仕事を辞められない理由については一定の理解をえてきたものの，追究すべき課題はまだ残されている．それは，上記の議論は過労自死のみではなく，過労死にも共通してあてはまると考えられることである．これは裏返すと，「なぜ同じような背景のもとから過労自死と，過労死という異なる結果が生じるのか」をうまく説明できないことを意味する．

　実際，過労自死と過労死の違いについて，これまでの先行研究はあまり関心を向けてきておらず，明確な答えを提示することができていない（岩田2013: 2）．このことは，過労自死の定義にも端的に現れている．たとえば「過労自殺」概念を提唱した川人は，これを過労死の一種と位置づけ，「仕事による過労・ストレスが原因となって自殺に至ること」と定義していた．「仕事による過労・ストレスが原因」となっていることは，過労自死，過労死双方に共通することと考えられ，この定義からは結果（過労自死または過労死）以外にどのような違いがあるのかを読み取ることはできない．また，

前掲「過労死等防止対策推進法」の成立にあたっては，歴史上はじめて過労死，過労自死に関する定義が示されることとなり幾分詳しい定義が示されているが，事情は同じである．まずは同法第2条に示された以下の定義を確認しておこう．

　　「過労死等」とは，業務における過重な負荷による脳血管疾患若しくは心臓疾患を原因とする死亡若しくは業務における強い心理的負荷による精神障害を原因とする自殺による死亡又はこれらの脳血管疾患若しくは心臓疾患若しくは精神障害をいう（過労死等防止対策推進法，第2条）．

　この定義によれば，過労自死とは「業務における強い心理的負荷による精神障害を原因とする自殺による死亡」であるとされ，「心理的負荷による精神障害」が強調されているが，川人による定義と同様，過労死等という概念に包摂されるものとして位置づけられている．ほかにも，過労自死を過労死の一種としてとらえる見方は，これまで多くの先行研究によって支持されてきており，定説となっている（川人 1998；大野 2003；森岡 2013）．

　しかし，このような両者の定義上の位置づけから，その原因条件（causal condition）[5]までを同一とみなすのは，早計である．むろん，「過労死等防止対策推進法」の定義に示されているように，直接的な原因（脳血管疾患・心臓疾患，または精神障害）が異なっていることは自明であるが[6]，現象をより正確に理解するためには，死因（脳血管疾患・心臓疾患，または精神障害

5）　原因条件（causal condition）とは，本書で用いる質的比較分析（Qualitative Comparative Analysis, QCA）において用いられる語法であり，「原因」や「要因」の文脈依存性を強調する意図をこめて用いられる．一般的に自死は複雑な「原因」，「要因」の重複により生じると考えられており，「原因条件」と表現した方がより適切であるものと考えられる．そのため，本章以下では基本的にこの表記（原因条件）を用いて記述していくこととする．

6）　労災認定基準においても原因に相違点があることは想定されている．

60 第Ⅰ部 過労自死の背景と研究課題

による自死）ではなく，そこに至るまでのプロセスにどのような違いがあり，なぜ自らの死が選ばれてしまうのかを明らかにする必要がある[7]．しかし，これまでの過労死，過労自死に関する研究は，そうした両者の原因条件の違いを詳しく分析しておらず，検討の余地を残したままとなっている．

　それでは，なぜこれまでの研究では，過労死と過労自死の違いに対して関心が向けられてこなかったのか．その理由のひとつとしては，上述した「過労自殺」概念の可視化効果との関連が考えられる．一般的に，新たな概念の創出（概念化）はいくらかのデメリットを伴う（上野 2011）．「過労自殺」概念のメリットが労働に起因する自死の可視化であったとすれば，デメリットは「過労自殺」という表現が，働きすぎによる疲労蓄積の末の自死というイメージを先行させ，労働に起因する自死要因の多様性を不可視化してしまうところにある．厚生労働省が行政文章中で「過労自殺」という表現を用いてこなかった理由も[8]，その表現が労働に起因する自死要因を過度に単純化して示してしまうと認識してきたからである（山田 2013: 83）．

　先にみてきたように，「過労自殺」という概念提唱のねらいは被災者や遺族の法的救済に向けて，労働に起因する自死を世間に問題喚起することにあった．つまり，表現の正確さを多少損ねたとしても，訴求力のある概念が必要とされていたのである．そこでは，過労死問題の文脈を背に，過労死と過労自死の類似性が強調されることがあっても，両者を分離させる必要性は見出されてこなかったものと推察される．

　しかし，過労自死という現象を正確に理解するためには，同じような背景のもとから過労自死と，過労死という異なる結果が生じる理由，つまり過労

7）　こんにち，自死念慮がうつ病に特有の症状であることは常識となっている．したがって，なぜ自らの死を選ぶのかと問うた場合，それはうつ病に罹患していたからという回答が可能である．しかし，うつ病患者の思考が完全に病的なものであるのかという点については未だ議論があり，このような点については第4章にて詳しくとりあげる．また，本書の基本的な関心はうつ病に罹患する以前の過程にある．

8）　近年では，報道資料や一般向けのパンフレットのなかで括弧つきで用いられることもある（山田 2013: 83）．

自死に特有の原因条件がどのようなものかが明らかにされなければならない．そこで，次節ではよりミクロな視点から過労死，過労自死の具体的な原因条件に関する議論を整理し，過労自死の特徴に関する仮説を構築していくこととしたい．

第3節　過労自死の原因条件に関する先行研究と仮説

　前節までは，過労自死の社会問題化と背景に関する先行研究を概観し，これまでの研究ではどのような違いによって過労自死と過労死が分かれるのかが明らかにされていないということをみてきた．また，それが過労自死を過労死の一種ととらえる見方が主流であったがゆえに見過ごされがちであった先行研究上の問題点ということを指摘した．

　以上の議論に続いて本節では，それぞれの原因条件を比較し，過労自死に特有の要因を明らかにするための仮説を提示する．次項ではまず過労死の原因条件について確認し，次いで過労自死の原因条件に関する先行研究を確認していく．

1　過労死の原因条件

　過労自死に先行して社会問題化していた過労死の原因条件として，先行研究では具体的にどのようなものが検討されてきたのか．

　過労死に関する先行研究は，(1) 医学的観点から原因条件を論じたもの，(2) 法学的観点から労災被災者の法的救済（労災補償）を論じたもの，(3) 経済学等の観点から過労死と日本的経営の関係を論じたものに大別できる[9]．ここでは具体的な原因条件に焦点を定めて検討したもっとも基礎的な研究として，(1) に該当する上畑鉄之丞・田尻俊一郎編（1982）を参照する[10]．

---

　9)　これらは相互補完的な関係にある．医学的観点からの分析を通じて労災補償のあり方が議論されることもあれば，法学的観点から要因の議論がされることもある．

62　第 I 部　過労自死の背景と研究課題

　この研究は，1960 年代後半から 70 年代に生じた過労死事例を中心に原因条件を検討しており，その結果，①深夜労働，②長時間労働，③作業上の過重な責任，④規則的な労働リズムのなかでのアクシデントやミスの発生等による不安，緊張を，過労死につながる仕事上の原因条件として指摘している（上畑・田尻編 1982: 208-9）.

　上畑らによる上記の指摘は，初版から 30 年以上が経過したこんにちにおいても一定の妥当性を有している．たとえば，厚生労働省（2001）が定める過労死の労災認定基準（脳・心臓疾患の労災認定基準）は，認定要件の 3 つの柱として「異常な出来事」，「短期間の過重業務」，「長期間の過重業務」を掲げているが，「異常な出来事」は上記④に該当し，「短期間の過重業務」，「長期間の過重業務」は①〜③に該当する．とくに，長時間労働は，短時間睡眠，疲労回復の遅れへと帰結することが実証的に明らかにされてきており（岩崎 2008），一貫して過労死にもっとも関連の深い原因条件であると考えられてきた（川人 1992）.

2　過労自死の原因条件

　次に，過労自死の原因条件について整理していく.

　過労自死に関する先行研究も，大別すると過労死同様の 3 分野（医学，法学，経済学等）に分けることができる．以下では，「過労自殺」概念の提唱者である川人が，弁護士としての活動経験を通じて指摘している原因条件を中心に整理し，適宜，他分野の研究も参照していく.

　川人が『過労自殺』を著した 1998 年時点で基本的な原因条件として挙げているのは，長時間労働，休日出勤，深夜労働，劣悪な職場環境等の過重労働による肉体的負荷，および，重い責任，過重なノルマ，達成困難な目標設

---

10)　ここで，(1) 医学的観点から原因条件を論じた先行研究のみをとりあげ，(2) 法学的観点から労災被災者の法的救済（労災補償）を論じたもの，(3) 経済学等の観点から過労死と日本的経営の関係を論じたものをとりあげない理由は，(1) 以外の分野では過労死の原因条件に関する議論が比較的少なく，(1) をとりあげることで原因条件の主要な部分をおおむね提示することができると考えられることにある.

定等による精神的負荷である（川人 1998: 57）．2014 年の『過労自殺　第二版』では，ここに職場でのハラスメントと人間関係のトラブルが追加される（川人 2014a: 102）．

肉体的負荷について，長時間労働と過労自死の関係を重視する指摘は多い．たとえば，過労死，過労自死に係る判例と遺族の手記集等を元に詳細な事例研究を著した熊沢誠も，長時間労働を過労自死の原因条件として挙げ（熊沢 2010: 333），森岡孝二は，「過労死・過労自殺の最大の要因は長時間の過重労働」であると強調している（森岡 2013: 23）．極度の長時間労働は[11]，労災の認定基準上も「特別な出来事」という重要な項目に定められており，過労自死との関連性がとくに強い原因条件であると考えられている．

精神的負荷についても多くの論者の指摘は近似しているが，過重なノルマに関連しては，「ノルマを達成できなかった」という出来事の影響がたびたび指摘される．たとえば，黒木宣夫は，精神障害に起因する自死で労災認定された 51 例を精査し，61 ％（31 例）にノルマの未達成が関与していることを指摘している（黒木 2004a: 292）．ほかに，ストレス疾患労災研究会・過労死弁護団全国連絡会議は，「過労死 110 番」に寄せられた過労自死相談について整理し，目標達成に向けて努力をしたものの，それがうまくいかなった場合に生じる落胆によって自死が生じるとの見解を提示している（ストレス疾患労災研究会・過労死弁護団全国連絡会議 2000: 285）．

また，川人が第二版で追加したハラスメントや職場の人間関係に関しては，近年多くの労働者がこの問題にストレスを感じていることが明らかになりつつある．たとえば，厚生労働省（2012b）が実施した「職場のパワーハラスメントに関する実態調査」では，全国の企業・団体に勤務する 20〜64歳の男女 9000 人（公務員，自営業，経営者，役員は除く）に対してイン

---

11)　厚生労働省の示した基準では，極度の長時間労働とは，発病直前の 1 カ月におおむね 160 時間以上の時間外労働を行った場合，あるいは発病直前の 3 週間におおむね 120 時間以上の時間外労働を行った場合等が該当する（厚生労働省 2011）．

64 第Ⅰ部 過労自死の背景と研究課題

ターネット調査が行われた. その結果, 約4人に1人 (25.3%) の従業員が
過去3年間にパワーハラスメントを受けた経験があると回答した.

労働政策研究・研修機構 (2014) が実施した「第2回日本人の就業実態に
関する総合調査」の結果からも同様の状況が見て取れる. この調査では, 全
国の20〜65歳の男女8000人 (有効回答数4573人, 有効回答率57.2%) を
対象に訪問留置調査が実施された. その結果, 約3人に1人 (34.0%) が過
去1年間に「怒鳴られたり, 暴言をはかれた」,「仕事をする上で必要な情報
を与えてもらえなかった」,「陰口や噂を広められた」等, いじめ・嫌がらせ
やパワーハラスメントに該当する行為を職場で受けた経験があると回答し
た.

こうしたハラスメントと過労自死との関連は, 上畑鉄之丞・天笠崇
(2006) によってより詳しい検討がなされている. この研究では, 過労自死
の労災請求等に関連する37の事例が弁護士を通じて収集され, 各事例にお
けるストレスフル・イベントの数, その大きさ (上畑らが3段階で評価),
死亡までの継続期間, および精神身体徴候との前後関係を推定するという方
法により分析がなされている.

その結果, もっとも経験頻度の多い原因条件は「長時間・不規則労働」で
あるが, もっともストレスの大きい原因条件は,「いやがらせ, ハラスメン
ト」であるとの結論が導き出されている (上畑・天笠 2006: 9). なお, 次
点は先に注目した「目標が達成できないストレス」であるとされており, こ
の研究においてもその影響力の強さが示唆されている (上畑・天笠 2006:
9).

以上のことから,「ノルマを達成できなかった」という出来事, ならびに
「いやがらせ・ハラスメント」という出来事が, 過労自死を特徴づける原因
条件の有力な候補として想定される. しかし, これまでの研究では分析対象
が過労自死事例のみに限られているため, 正確にはこれらの原因条件が過労
自死の特徴である可能性が示唆された段階にとどまっていることに注意しな
ければならない. かりに, 過労死においても「ノルマを達成できなかった」,
「いやがらせ, ハラスメント」という出来事が強い影響を与えていたとすれ

ば，それは両者に共通する原因条件ということになるからである．

3 仮説の提示

　ここまでにみてきた過労死，過労自死の原因条件を，肉体的負荷と精神的負荷に分けて整理すると表2-1のようになる．

　このように整理した場合，過労死と過労自死の原因条件は多くの点で重複していることが確認される．たとえば，過労死にもっとも関連の深い原因条件として指摘されていたのは長時間労働であったが，これは過労自死においても共通して「最大の要因」と指摘されていた．長時間労働の具体的な様相については，前章でとりあげた事例1，事例2を通じて確認しておいた．また，過労死に関して指摘されていた過重な責任，ミスの発生等による不安，緊張等も，過労自死に関して指摘されていた精神的負荷と実質的に共通した性質を持つものと考えられる．前掲，熊沢は「働きすぎの臨界に立った労働者にとっては，脳・心臓疾患による過労死にいたるか，鬱病による過労自殺にいたるかは，偶然的でさえある．それほどに両者の根因は重なっている」（熊沢 2010: 321）と述べており，いかに先行研究上で両者の原因条件が重複していると考えられてきたかがわかる．

表2-1　先行研究で指摘されている過労死，過労自死の原因条件

	肉体的負荷	精神的負荷
過労死	・長時間労働 ・深夜労働	・過重な責任 ・アクシデントやミス等による緊張および不安
過労自死	・長時間労働 ・深夜労働 ・休日労働 ・劣悪な職場環境	・重い責任 ・過重なノルマ ・ノルマの未達成 ・達成困難な目標設定 ・ハラスメント ・人間関係のトラブル

川人博（1998,2014a）；黒木宣夫（2004a）；上畑鉄之丞・田尻俊一郎編（1982）をもとに作成．

66 第Ⅰ部 過労自死の背景と研究課題

　ただし，いくつかの先行研究においては過労自死に特徴的な原因条件の存在が示唆されていた．「ノルマを達成できなかった」（＝ノルマの未達成，以下同様）という出来事と「いやがらせ，ハラスメント」（＝人間関係上の問題）がそれにあたる．過労死に比べて精神的負荷に強い影響を受けると思われる過労自死にとって，これらが特徴的な原因条件を構成している可能性は十分に考えられる．問題は，これらの指摘が体系的な手法による比較を通じて導かれたものではないという点である．

　そのため，以下ではこれらの原因条件が本当に過労自死に特有の原因条件といいうるかという点について，過労死との比較を通じて明らかにすることを試みる．先行研究を踏まえ検証すべき仮説を提示すると以下のようになる．

仮説1　過労死と比較した場合の過労自死の特徴は，「ノルマの未達成」である．

仮説2　過労死と比較した場合の過労自死の特徴は，「人間関係上の問題」である．

仮説3　過労死と比較した場合の過労自死の特徴は，「ノルマの未達成」と「人間関係上の問題」の重複である．

　仮説3は特定の先行研究により指摘されているものではないが，自死は複数の原因条件が重複して生じる場合が多く，現実的には想定されうる仮説といえる[12]．

---

12)　熊沢は，「ノルマ—ハラスメント—過重労働」の連鎖によるものを過労自死のひとつのパターンとして提起しているが，これを過労自死の特徴であると述べているわけではなく，また「ノルマの未達成」ではなく「ノルマ」自体として提起している点でも上記の仮説とは違いがあるものと考えられる（熊沢 2010: 317）．

おわりに

　本章では過労自死が社会問題として認識されるまでの経緯と背景を概観し，過労自死者が仕事を辞められなかった理由，ならびに過労自死を特徴づける原因条件について仮説を提示してきた．

　いま一度要点を振り返っておくと，第 1 節では過労自死は 1990 年代より注目を集めるようになった現象であり，その契機としては 1984 年の設計コンサルタント会社社員の自死未遂事件裁判や 1996 年の電通事件裁判が注目を集めたということに加え，弁護士の川人博（1998）による「過労自殺」概念の提唱がきわめて大きな影響を与えたということをみてきた．川人は，「過労自殺」を，先行して社会問題化していた過労死の一種と位置づけ，両者の類似性を強調することにより新たな社会問題として認知と議論の加速を図ったのであった．

　次に第 2 節では，過労自死者がなぜ死に至るまで仕事を辞められなかったのかという点について，川人（1998），大野（2003），熊沢（2010）による 3方向からの議論を概観した．3 方向からの議論とは，すなわち，①会社への忠誠心，②仕事倫理と環境の相互作用，③経済的不安というものであり，これらが組み合わさることで仕事を辞められない状況が構成されるということを事例を示しつつ確認してきた．

　ただ，上記のような「状況」という観点からの説明は，過労自死，過労死の両方にあてはまるものであり，なぜ同じような状況から異なる結果（過労自死と過労死）が生じるのかについて十分な説明をすることができない．また，このような過労自死と過労死の違いは何かという点について，先行研究はこれまであまり関心を向けてきておらず，明確な答えを提示することができていないことを併せて指摘した．

　そのため，第 3 節では，過労自死と過労死の違いを明らかにするための仮説を構築すべく，双方の具体的な原因条件に焦点を定めて先行研究を整理してきた．概要としては，過労自死と過労死の原因条件は多くの点で重複して

いると考えられているものの,「ノルマを達成できなかった」(ノルマの未達成) という出来事と,「いやがらせ,ハラスメント」(人間関係上の問題) が,過労自死を特徴づける原因条件の有力な候補として想定されることを確認してきた.

そして,以上の検討を通じて導かれたのが,「過労死と比較した場合の過労自死の特徴は,『ノルマの未達成』である」(仮説 1),「過労死と比較した場合の過労自死の特徴は,『人間関係上の問題』である」(仮説 2),「過労死と比較した場合の過労自死の特徴は,『ノルマの未達成』と『人間関係上の問題』の重複である」(仮説 3) という 3 つの仮説である.第Ⅱ部では,この仮説に対する検証を行っていく.

最後に,上記の仮説検証を行うことの意義について,学術的意義と社会的(実践的) 意義という観点から確認しておきたい.

はじめに,学術的意義については,繰り返し述べてきたように先行研究は過労死と過労自死の原因条件の違いを明確に区別できていない.したがって,本書で過労死との比較を通じて過労自死に特有の原因条件を明らかにすることができれば,過労死,過労自死研究に新しい知見を与えることになるものと考えられる.

次に,過労自死に特有の原因条件を明らかにすることの社会的(実践的) 意義は,特性に応じた社会的対応(予防対策) の必要性を明示するという点にある.過労自死の特徴が未解明であることにより生じる重要な問題は,社会的対応の焦点がずれる,あるいは拡散する可能性があることである.かりに過労自死の特徴がノルマの未達成や職場の人間関係上の問題にあるのだとすれば,「最大の要因」とみなされている長時間労働への対策のみでは十分な予防策とはならないだろう.

もっとも,近年ハラスメントと精神障害の関連性は行政によっても注目されており,ハラスメント対策についての検討がすでに行われている(厚生労働省 2012c)[13].だが,ハラスメント被害に対する日本の制度的な対応は,欧米諸国に比べていまだ非常に遅れていることを指摘する声もある(品田 2011;大和田 2012)[14].このような状況にあって,過労自死に特有の原因条

件を明らかにし問題の所在を明示することは，行政の取り組みをよりいっそう促すためのエビデンスとなることを期待できる．以上のように，過労自死に特有の原因条件を明確にすることは過労自死対策の今後を考えるうえでも重要な意味を持つものと考えられる．

---

13) 厚生労働省は，2011 年 7 月に医師や有識者等の専門家で構成された「職場のいじめ・嫌がらせ問題に関する円卓会議」を立ち上げ，パワーハラスメントの現状や取り組みの必要性，予防・解決策，取り組みの在り方等について議論を開始している．議論の内容は 2012 年 3 月に「職場のパワーハラスメントの予防・解決に向けた提言」という形で公表され，そのなかで，パワーハラスメントの概念や類型等が示された（厚生労働省 2012c）．また，同じく厚生労働省は，2015 年 5 月に，企業がパワーハラスメント対策に取り組む際の参考になるよう，「パワーハラスメント対策導入マニュアル」を発表した（厚生労働省 2015b）．

14) 職場におけるハラスメントについて，何らかの法的規制がある国・州としては，フランス，イギリス，スウェーデン，デンマーク，ベルギー，カナダの一部の州等がある．そのうち，たとえば，フランスでは 2002 年に「社会的近代化法」のなかにモラルハラスメント禁止規定が創設され，モラルハラスメントが刑事罰の対象となることが明示された（大和田 2012）．同様に，カナダのケベック州においても，2004 年に罰則規定をもった職場における精神的ハラスメント防止法が制定されている（品田2011）．なお，フランスにおけるモラルハラスメントの定義および法整備の経緯に関しては，Hirigoyen（1998, 2001）に詳しく記されている．一方，不用意な規制や罰則化については慎重な姿勢を示す論者もいる（三柴 2015）．指示命令系統が「適正な業務の範囲」であるかどうかを明文化して定めることは非常に難しく，十分な吟味がなされておかなければ，管理職の負担増加や，場合によっては上司を貶めようとする部下による規制の悪用等，新たな問題をもたらす可能性もあるだろう．

第Ⅱ部

過労自死に特有の原因条件の分析

第3章　過労死と過労自死を分かつ原因条件

はじめに

　第Ⅱ部は，第Ⅰ部で確認してきた過労自死研究における課題を実証的に検証する分析編となる．本章では，前章に示した3つの仮説の検証を行い，それを通じて過労死と比較した場合の過労自死に特有の原因条件が何であるかを明らかにしていく．以下，本章の構成と概要を示す．

　第1節では，仮説検証のための対象と方法を示す．分析対象は労災認定請求・損害賠償請求裁判に係る判例58件であり，分析方法はクリスプ集合論に基づく質的比較分析（Qualitative Comparative Analysis, QCA）を採用する．詳細は後述するが，クリスプ集合論に基づく質的比較分析とは，2値的カテゴリーに基づく論理式をブール代数演算によって縮約することで社会現象を体系的に比較するものであり，近年，国内外のさまざまな分野で活用されている手法である[1]．判例の情報（記述内容）をコード化するための手順についてもこの節にて提示する．

　第2節では，上記の対象と方法による分析の結果を提示する．結果をごく端的に述べると，分析結果からは第2章第3節に提示した仮説1および仮説3が支持され，仮説2は支持されなかった．この結果のうち，過労自死の特徴としてとくに重要と考えられるのは「ノルマを達成できなかった」と「人

---

1)　質的比較分析の研究動向を整理した文献として，石田淳（2010）がある．

74　第Ⅱ部　過労自死に特有の原因条件の分析

間関係上の問題」が同時に存在する場合，を意味する仮説3である．この分析結果についての考察と課題は本章第3節で詳しく述べる．

第1節　対象と方法

1　分析対象

　まず，分析対象と留意点（セレクション・バイアス）について述べていきたい．

　本書が分析対象として用いるのは，過労死と過労自死の労災認定請求・損害賠償請求裁判に関する判例である．自死に関する研究では，まず当事者に関する資料入手の難しさが問題となるが，判例には自死者の家族構成や生活歴，死亡までの労働状況，場合によっては遺書の内容等，通常入手することの困難な情報が記されており，有効な資料として用いることができる[2]．

　もちろん，判例として公開されている時点で裁判所の判断が介在しており，内容も現実に生じたことのすべてが記載されているわけではない．とくに，職場における人間関係上の問題等，記録として残りにくい原因条件については部分的にしか反映されない可能性がある．とはいえ，このようなセレクション・バイアスは，本書の分析にとって不利に影響することがあっても有利に影響する可能性は低いだろう．具体的な影響については分析結果を提示したうえで改めて検討することとしたい．

---

2)　過労死，過労自死に関する研究では裁判資料が一般的に用いられており，たとえば前掲，熊沢（2010）も重要な資料として裁判資料を参照している．さらに補足すると，判例を用いることの大きな魅力は，原告（被害者側）と被告（加害者側）双方の意見が証拠に基づき提示されるという点にある．通常の社会調査（フィールドワーク）でこのような双方向からの情報がえられることは稀であり，かりにできたとしても，数十件ものケースを収集することは困難である．バイアスの問題は重要であるが，その点を適切に評価しつつ使用すれば，判例は非常に有効な資料となるものと考える．

第3章　過労死と過労自死を分かつ原因条件　75

　判例を入手するにあたっては，オンラインデータベース LEX/DB を用い
た（TKC 2014）．本データベースは明治 8 年からこんにちまでに公表された
判例を網羅的に収録している．現在公刊されているすべての判例集から判例
を収録しており（2015 年 12 月 25 日時点の収録判例数＝26 万 9512 件），広
く学術論文で参照されている．

　判例抽出は以下のキーワード指定により行った．

過労死：　　（過労 and 死亡 and（脳疾患 or 心臓疾患））and（not（自殺
　　　　　　or 自死））
過労自死：　（過労 and（自殺 or 自死））and（not（脳疾患 or 心臓疾患））
裁判期間：　1999 年 9 月～2014 年 6 月
裁判結果：　容認 or 有罪＝過労死，過労自死と認定されたもののみ抽出
判例入手日：2014 年 7 月 4 日～7 日

　裁判期間を 1999 年 9 月～2014 年 6 月までとするのは，過労自死の認定基
準[3] が新たに定められたのが 1999 年 9 月であるという理由によるものであ
る．また，過労死の指定条件を「脳疾患 or 心臓疾患」としたため，たとえ
ば過労死の一種として想定できる「長時間・過重労働→睡眠不足→勤務中の
交通事故→死亡」といった事案は検索結果に含まれない可能性がある．とは
いえ，「過労死等防止対策推進法」においても，脳疾患と心臓疾患による死
亡を過労死等として定めており，上記の条件指定で大部分の判例をカバーで
きているものと考えられる．

　以上の条件指定により，過労死で 43 件，過労自死で 53 件の判例が抽出さ
れた．そのうち，両グループともに女性の件数が少なかったため（過労死 1
件，過労自死 5 件）対象から除外し，ほかに，自死に至っていないもの（未
遂 1 件，精神疾患等 4 件）や，判例中の情報量が少なく分析対象とすること

　3）「心理的負荷による精神疾患の認定基準」．2011 年 12 月に再度改定（厚生労働省
　　2011）．

76　第Ⅱ部　過労自死に特有の原因条件の分析

ができないケース，指定キーワードを含むものの本書の対象とはまったくかかわりのない判例（殺人事件等）を対象から除外した．その結果，分析対象とすることのできる判例は，過労死 34 件，過労自死 24 件の合計 58 件となった．両者ともいささか件数が少ないが，判例となる可能性があるのは，過労による死亡として労災が申請され，かつ労災が認められず裁判，もしくは損害賠償請求裁判等となったケースの一部であることを踏まえれば当然の結果といえるだろう[4]．

　また，これらの判例には控訴，上告された事案も含まれる．そのような事案では，原因条件の存否に関する評価が変わる可能性がある[5]．本来，判決が確定した判例のみを分析対象とすることが理想的であるが，できるだけ多くの対象を確保する必要があることと，少なくとも一度は過労死，過労自死として認定された事案であることから，本書では情報の更新を行わず分析に用いることとした．同様の問題は判例を分析対象とした他の研究にも共通した課題であり，これにより本書の分析が著しく偏ることにはならないと考え

---

4)　裁判となったもののうち，過労死や過労自死と認定されなかったケースはどれくらいの数があるのかという点について，裁判における結果を確かめることは難しい．そこで，参考まで 2014 年度の労災の認定状況を確認すると，脳・心臓疾患による死亡（過労死）では 242 件の申請のうちおよそ半数（49.4％）が労災と認定されており，半数が労災と認められていない状況である．同じく，精神障害による自死（過労自死）でも 213 件の申請のうちおよそ半数（47.1％）が労災と認定され，半数が認められなかったという状況となる（厚生労働省 2015c）．認定されなかったケースが，どのような理由により認定されなかったのかという点について，ケース単位では詳細に把握することはできない状況である．

5)　そもそも，「訴訟上の因果関係の立証は，一点の疑義も許されない自然科学的証明ではなく，経験則に照らして証拠を総合検討し，特定の事実が特定の結果の発生を招来した関係を是認し得る高度の蓋然性を証明することである」（最高裁昭和 50 年 10 月 24 日判決）とされており，裁判結果が絶対的なものではないということは前提として認識しておかなければならない．むろん，最高裁判所判決や結果の確定した判決（判例）では法的拘束力等の面において違いがあるものの，「一点の疑義も許されない自然科学的証明」ではないという点については，どのような判決であっても同様であるものと考えられる．

第3章　過労死と過労自死を分かつ原因条件　77

られる.

2　分析方法

　本書では，少数事例のデータから現象の因果構造を検討するのに適した分析方法として，C. C. Ragin（1987＝1993）により提唱された，質的比較分析（QCA）を用いる.

　質的比較分析にはいくつかの種類があるが，本書で採用するのはクリスプ集合論に基づく質的比較分析（csQCA）である[6]．ほかに，たとえばファジィ集合論に基づくものなどもあるが，本書では対象の性質上，この分析が行えるほど詳細なデータを得ることができないため，クリスプ集合論に基づく質的比較分析を採用することとした.

　クリスプ集合論に基づく質的比較分析とは，2値的カテゴリー（真 or 偽）に基づく論理式をブール代数演算によって縮約することで，社会現象を客観的に比較する手法である．原因条件が存在する場合を大文字のアルファベットで表記し，欠如している場合を小文字のアルファベットで表記することとした場合，基本的な計算式は，「$Y=ABC+ABc=AB$」のように表される（鹿又ほか編 2001; 石田 2017）.

　この縮約のプロセスについてやや詳しく解説すると，「Y」という結果に至る2つの原因条件の組み合わせ，「ABC」と「ABc」のうち，「AB」という組み合わせは両者に共通しているが，「C」という原因条件については存否が分かれている．このことは，「C」という原因条件は存在していても，欠如していても「Y」という結果が生じうるということを意味している．したがって，「Y」という結果にとって本質的に重要であるのは「AB」という原因条件の組み合わせであるということになり，「$Y=ABC+ABc=AB$」という結果が導かれるのである.

　本書の目的との関連では，過労死と過労自死の比較を通じて，過労自死に

---

　6)　クリスプ集合論に基づく質的比較分析以外の手法についても，石田淳（2010, 2017）に詳しく整理されている.

78　第Ⅱ部　過労自死に特有の原因条件の分析

特有の原因条件を明らかにすることは，複数の原因条件が混在するなかから，どのような組み合わせ・原因条件が存在（あるいは欠如）するときに，過労死ではなく，過労自死が生じやすいかを明らかにすることにほかならない．そして，それは上記の式で表される論理式の縮約により求めることができると考えられるため，質的比較分析が適切な分析方法となるのである．

　先行研究と同様に，個々の事例を詳細に比較して原因条件の違いを検討する方法も考えられるが，その場合，一般化可能な水準で両者の違いを明らかにすることが難しく，問題となる．一方，質的比較分析には比較的少数の事例から原因条件の組み合わせを体系的に検討することができる点に方法論上の強みがあり（石田 2010: 93），この問題に対処することができる．分析対象の特質上，一般的な計量分析の手法からアプローチすることが難しいなかで，可能な限り体系的な分析手法から原因条件の違いを追究することが，研究全体を前進させるために必要な作業であると考えられる．

　なお，本書では質的比較分析の演算結果を求めるにあたり，fs/QCA という解析ソフトを使用した（Ragin 2008）．それにより，演算の過程で反事実（現実には存在していない事例）が参照され，倹約解，中間解，複雑解という3種の解が導出される．質的比較分析では，投入できる原因条件の数が他の一般的な計量分析の手法に比べて制限されるため，あまりに複雑な分析結果（複雑解）や，極端に単純な分析結果（倹約解）は分析の意味を成さない場合がある．その点，中間的な分析結果（中間解）を導けることがこの解析ソフトを用いることの利点となる．

3　判例のコード化と投入する原因条件

　判例のコード化（2値的カテゴリーへの変換）にあたっては，厚生労働省の2つの基準（脳・心臓疾患の労災認定基準，心理的負荷による精神疾患の労災認定基準）に属性・死亡時期等の項目を加え，死亡時から遡っておおむね6カ月以内の出来事を計上し[7]，一覧表を作成した（大項目13，中項目94）．また，判例は多くの場合，「主文」→「請求」→「前提事実」→「争点」→「原告の主張」→「被告の主張」→「当裁判所の判断（認定事実)」

→「結論」，の順序で記される．これらのうち，本書では原則的に「前提事実」と「裁判所の判断」を計上していくこととした．

　分析に用いる原因条件は，「長時間労働」（74%），「過大なノルマ」（95%），「ノルマを達成できなかった」（30%），「職場における人間関係上の問題」（43%）に，個人的な背景を考慮するための原因条件として「婚姻関係」（62%）を加えた5つを候補とした（括弧内数値は全体に占める該当の割合）．これらのうち，「過大なノルマ」はほとんどのケースに該当が認められ，分析結果に違いをもたらさないと考えられるため原因条件の候補から除外することとした．

　「婚姻関係」については，Durkheim も指摘していたように有配偶者の自死は比較的に少ないことが知られており（Durkheim 1897 = 1985; 石原2003），具体的な仕事上の出来事とは別に，第3変数として過労自死に影響を及ぼしている可能性があるため分析に投入することとした．以下，4つの原因条件についてコード化の基準を以下に示す．

　「長時間労働」
　　1カ月に80時間以上の時間外労働が認められている場合を［1］，認められていない場合を［0］とした．

　「ノルマを達成できなかった」
　　「目標の達成ができなかった」，「期限に間に合わなかった」や，教員で「クラス運営に困難を抱えていた」等の記述がある場合を［1］，明確に該当する記述がない場合を［0］とした．

　「人間関係上の問題」
　　「パワーハラスメント」，「叱責」，「暴行」，「怒られた」，「対立してい

　7）　休職後，6カ月以上経過した後に死亡したケースについては，休職時点から遡って6カ月以内の出来事を計上した．

80 第Ⅱ部 過労自死に特有の原因条件の分析

た」,「馬鹿にされる」等の記述がある場合を［1］,ないものを［0］とした.ただし,「人間関係上の問題」は,「事実やそのひどさを被災者側が立証することが容易でない」(川人 2014a: 198) という理由により,この項目に限り原告側の主張も前提事実・裁判所の判断と同等に計上することとした (58 件中,過労自死で 1 件が該当).

「婚姻関係」
　判例中,婚姻関係ありと判断される場合を［1］,なしを［0］とした.

第 2 節　結果

1　単純集計

　分析を行う前に,今回分析対象とするケースの属性について単純集計結果を確認しておく.まず平均年齢については,過労死が 37.9 歳 (最年少 21 歳,最年長 58 歳,中央値 36 歳),過労自死が 36.5 歳 (最年少 24 歳,最年長 53 歳,中央値 34.5 歳) であった.過労死の年齢が若干高くなっているものの,両者ともいわゆる「働き盛り」の年齢層が多い.

　次に職業別では,過労死は「管理的職業従事者」(判例中に管理職と記載されている場合は係長も計上) や「専門的・技術的職業従事者」,過労自死は「専門的・技術的職業従事者」が比較的に多いが,両者とも目立った偏りは見受けられなかった (表 3-1,表 3-2).

　また,企業規模について,従業員 1000 人以上を「大企業」とし,判例中の記述より調べることのできる範囲で集計したところ,過労死の約 53%,過労自死の約 63% が「大企業」に勤務していた.

　平均勤続年数については,過労死が 9.8 年 (最短約 2 カ月,最長約 40 年,中央値 4.5 年),過労自死が 11.8 年 (最短約 6 カ月,最長約 34 年,中央値 10 年) であった.

第 3 章　過労死と過労自死を分かつ原因条件　81

表 3-1　過労死の職業別一覧

大分類	小分類	ケース数
管理的職業	会社管理職員	6
	計	6（18%）
専門的・技術的職業	ソフトウェア作成者	1
	医師	2
	薬剤師	1
	小学校教員	1
	中学校教員	2
	記者，編集者	3
	デザイナー	1
	計	11（32%）
事務	出荷・受荷事務員	1
	営業・販売事務員	1
	計	2（6%）
販売	販売店員	1
	通信・システム営業職業従事者	1
	不動産営業職業従事者	2
	その他の営業職業従事者	1
	計	5（15%）
サービス職業	調理人	2
	飲食店主・店長	2
	計	4（12%）
生産工程	金属彫刻・表面処理従事者	1
	金属溶接・溶断従事者	1
	食料品製造従事者	1
	自動車検査従事者	1
	計	4（12%）
輸送・機械運転	乗用自動車運転者	1
	貨物自動車運転者	1
	計	2（6%）
	合計	34

82　第Ⅱ部　過労自死に特有の原因条件の分析

表 3-2　過労自死の職業別一覧

大分類	小分類	ケース数
管理的職業	会社管理職員	3
	計	3（13%）
専門的・技術的職業	自動車技術者（開発）	1
	建築技術者	1
	ソフトウェア作成者	2
	医師	2
	小学校教員	1
	中学校教員	1
	高等学校教員	1
	計	9（38%）
事務	総合事務員	2
	生産現場事務員	1
	営業・販売事務員	1
	計	4（17%）
販売	食料品営業職業従事者	1
	その他の営業職業従事者	1
	計	2（8%）
サービス職業	飲食店主・店長	1
	計	1（4%）
保安職業	消防員	1
	計	1（4%）
生産工程	自動車組立設備制御・監視員	1
	食料品製造従事者	1
	化学製品検査従事者	1
	計量計測機器・光学機械器具検査従事者	1
	計	4（17%）
	合計	24

2 真理表

　以下，上記データに基づく質的比較分析の結果を提示していく．表3-3は質的比較分析を行う前段階で作成する真理表であり，原因条件の値の組み合わせと結果を表している．たとえば，表中の1行目は原因条件 N（ノルマを達成できなかった）のみが存在する場合であり，該当する事例は2件，そのうち2件ともが過労自死であったということを示す．

　また，3行目から9行目までは同じ原因条件の組み合わせのなかに過労死と過労自死の両方を含んだ，いわゆる「矛盾を含む行」となっている．

　こうした行については，結果の真偽（1か0か）を分ける区切り値をどこに設定するのかが問題となるが，本書では0.75を区切り値として設定し[8]，

表3-3　結果（過労自死）を [1] とした場合の真理表

| 行 | 原因条件 | | | | 結果 | 該当 | 過労自死 | 過労自死 |
	L	N	R	M	J	事例数	件数	の割合
1	0	1	0	0	1	2	2	1.000
2	0	1	1	1	1	2	2	1.000
3	1	1	1	1	1	9	8	0.889
4	0	0	1	1	0	5	3	0.600
5	0	0	0	0	0	2	1	0.500
6	1	0	1	0	0	5	2	0.400
7	1	0	1	1	0	3	1	0.333
8	1	0	0	0	0	11	2	0.182
9	1	0	0	1	0	12	1	0.083
10	0	0	0	1	0	3	0	0.000

L＝長時間労働，N＝ノルマを達成できなかった，R＝人間関係上の問題，M＝婚姻関係，J＝過労自死，度数の閾値＝1（該当事例数1以下を削除）．

---

8)　区切り値を0.75とするにあたっては G. D. Meur and B. Rihoux（2009）を参照した.

84　第Ⅱ部　過労自死に特有の原因条件の分析

該当事例数に占める過労自死の割合 0.75 以上を [1]，0.75 未満を [0] とすることとした．これにより，分析結果として得られる縮約式は結果現象（過労自死）が 75％以上の確率で生起する因果関係を示すものとなる（鹿又ほか編 2001: 38）．

なお，原因条件の組み合わせは論理的に $2^4 = 16$ 通りが考えられるが，本書では該当 0 件の組み合わせ（2 通り）は，結果を判断することができないため分析対象から除外した（Ragin 2008: 27）．同じく，該当 1 件の組み合わせ（4 通り）は，存在してはいるものの，クリスプ集合論に基づく質的比較分析の場合，分析結果に対する影響力が相対的に過剰に評価されてしまうため対象から除外した．この段階を経て，実際の分析対象（該当事例の合計）は 54 件となる．

3　論理式の縮約結果

上記の真理表から論理式の縮約を行った結果を表 3-4 に整理した．

まず，原因条件の組み合わせをもっとも縮約した倹約解[9]の論理式として，N，すなわち「ノルマを達成できなかった」という条件が導き出された．これは，今回分析対象としたケースのなかではノルマ未達という出来事の存在が，過労死ではなく，過労自死をもっとも特徴づける基礎的な原因条件であることを示している．これにより，前掲仮説 1 が支持されたこととなる．

表 3-4　過労自死の分析結果

	論理式	被覆度	一貫性
倹約解	N	0.583	0.824
中間解	NR	0.417	0.833
	Nm	0.125	0.750
複雑解	NRM	0.417	0.909
	$lNrm$	0.083	1.000

次に，中間解[10]としては，以下の2つの論理式が導き出された．ひとつめは，*NR* という式であり，「ノルマを達成できなかった」と「人間関係上の問題」が同時に存在する場合である．この結果から，仮説3が支持されたこととなる．2つめは *Nm*，「ノルマを達成できなかった」という条件が存在し，「婚姻関係」が存在しない場合である．両者とも一貫性[11]の値が高く，結果を導く原因条件の組み合わせとして関連が強いものの，後者は被覆度[12]が低く全体的には稀なケースを指している．そのため，注目すべきは仮説3を支持した前者の組み合わせであると考えられる．

　最後に，複雑解[13]も2つの論理式が導出されている．ひとつめは *NRM*，つまり「ノルマを達成できなかった」，「人間関係上の問題」，「婚姻関係」が同時に存在する場合に過労死ではなく過労自死が生じやすくなることを示している．2つめは *lNrm*，「長時間労働」，「人間関係上の問題」，「婚姻関係」が存在せず，「ノルマを達成できなかった」が存在する場合である．ここでも被覆度の値から，注目すべきは前者の論理式（*NRM*）であると考えられる．

　なお，倹約解，中間解，複雑解のいずれにおいても，*R*，すなわち「人間関係上の問題」は単独で存在せず，仮説2は支持されなかった．ただし，このことは「人間関係上の問題」（*R*）が重要でないということを意味するわけで

　9）　簡略化のために可能な限り反事実を用いることを許した（残余部分として取りこんだ）解（Ragin 2008: 163-7）.

　10）　倹約解を導いた残余部分の部分集合を結果に取りこんだ場合に生み出される解．倹約解の部分集合であり，複雑解の超集合となる（Ragin 2008: 163-7）．この解を導くためには，各原因条件が結果にどのように影響を与えるかを選択する必要があり，本書では過労自死に関する先行研究を踏まえ，「長時間労働」，「人間関係上の問題」，「ノルマを達成できなかった」を Present（原因条件の存在が結果の一因となる），「婚姻関係」を Absent（原因条件の欠如が結果の一因となる）と指定した．

　11）　各原因条件の組み合わせにおける過労自死件数が占める割合．

　12）　真理表中の全過労自死件数に占める，各原因条件の組み合わせ中の過労自死件数の割合．

　13）　反事実を用いない分析の結果であり，倹約解の部分集合である（Ragin 2008: 163-7）.

86　第Ⅱ部　過労自死に特有の原因条件の分析

表 3-5　過労死の分析結果

	論理式	被覆度	一貫性
倹約解	Lr	0.618	0.840
	Mr	0.441	0.882
中間解	Lr	0.618	0.840
	Mr	0.441	0.882
複雑解	Lnr	0.588	0.870
	Mnr	0.412	0.933

はなく，むしろ重要な示唆を与える結果といえる．なぜならば，中間解，複雑解には「人間関係上の問題」を含む式が存在している．つまり，「人間関係上の問題」は他の原因条件と組み合わさることによって，過労自死を過労死から分ける条件として機能しているのである．

　以上の分析結果は，区切り値を変更した場合，他の変数を追加した場合，変数を減らした場合でもおおむね同様であり，一定の頑健性を有している[14]．この分析結果については，終章の後に付録として提示する．

　一方，過労死の原因条件に関する分析結果は表 3-5 のようになった[15]．

　全体を通じて「長時間労働」（L）ならびに「婚姻関係」（M）の存在が目

---

14)　区切り値については，「0.75 から 1」，「0.75 から 0.407」に変更し，他の変数については「配置転換」と「人手不足」を追加した場合について分析を行った．変数を減らした場合については「婚姻関係」を削除して分析を行った．条件を変更したため，当然ながら分析結果は一見異なるものとなったが，「ノルマを達成できなかった」と，「人間関係上の問題」が重要な原因条件として析出されている点に変化はなかった．

15)　中間解を導くために，「長時間労働」，「人間関係上の問題」，「ノルマを達成できなかった」を Present，「婚姻関係」を Present or Absent に指定した．「人間関係上の問題」，「ノルマを達成できなかった」は過労自死への影響が示唆されていた原因条件であるが，これらの欠如が過労死の一因となることは考えにくく，Present に指定した．真理表は付録の最後に提示している．

立つが，これは真理表中「婚姻関係」のみに該当するケースが3件あったことに影響を受けていると考えられる．ここでの分析では「長時間労働」＝「1カ月に80時間以上の時間外労働」という基準により原因条件の存否を判定しているが，この3ケースは，①長期の宿泊を伴う研修，②不規則・夜間勤務，③不規則・出張の多い勤務を主たる原因条件とするものであり，実態としては相当の長時間労働が推認されたケースである．参考までこの3ケースを除外して分析を行った場合，「長時間労働」（L）の存在のみが前面に浮かび上がる（分析結果は付録に提示）．以上から，過労自死と比較した場合の過労死に特有の原因条件は，「長時間労働」であると考えてよい．この結果は過労死に関する先行研究と整合的である．

第3節　考察

　本節では，第2節で行った質的比較分析の結果を整理し，考察を加えていくことにしたい．まず，分析の結果，過労自死を過労死と区別するもっとも基礎的な原因条件は，「ノルマを達成できなかった」という原因条件であることが明らかになった．このことは表3-3の真理表において，結果を1とした3行（1〜3行目）すべてにこの条件が存在していることからも確認することができる．

　しかし，同じく真理表の1〜3行目に注目すると，「ノルマを達成できなかった」という原因条件のみで過労自死が生じているのは2件のみであり，この原因条件単独を過労自死の特徴と理解することは適切ではない．注目すべきは，「ノルマを達成できなかった」という条件が存在するケースの大半（12件中10件）が，他の原因条件と重複しており，それによってより多くの過労自死が生じている点である．

　その重複する原因条件を明らかにしているのが，中間解以下の結果である．具体的には中間解で職場における「人間関係上の問題」が追加されていた．「人間関係上の問題」は先行研究により過労自死を特徴づける原因条件であることが示唆されていたが，この分析結果は，その示唆を過労死との比

88 第Ⅱ部 過労自死に特有の原因条件の分析

較を通じて明らかにしている点で重要な知見といえる．判例を分析対象とし
たことのセレクション・バイアス，つまり「人間関係上の問題」が部分的に
しか反映されていない可能性を考慮すれば，実際にはより強く過労自死に影
響を与えていることが推察できる．

　さらにこの結果は，職場における「人間関係上の問題」が過労自死に関連
を有するというだけでなく，特定の原因条件と重なるときに，過労死ではな
く，過労自死と強く結びつくことを示している点が重要である．再び真理表
の各行を確認してみると，「人間関係上の問題」を含む行は過労自死のみで
はなく過労死においても存在しているが，「人間関係上の問題」が「ノルマ
を達成できなかった」という原因条件と重なるときには，約9割の高い割合
で過労自死へと帰結している．つまり，先行研究で注目されてきた「人間関
係上の問題」という原因条件は，「ノルマを達成できなかった」という原因
条件と重なるときに，過労死ではなく，過労自死に対して特別に強い影響を
与えることが示唆されているのである．このように原因条件の組み合わせを
明示化することができたのはクリスプ集合論に基づく質的比較分析の方法論
上の利点が発揮された結果であり，先行研究との対比という観点からも重要
な知見といえる．

　ただし，上記の結果は正確な意味において原因条件間，および結果への結
びつきの具体的な程度を明らかにできておらず，原因条件が当事者に経験さ
れるプロセスについても明らかにしていない．「ノルマを達成できなかった」
ことにより叱責等（人間関係上の問題）を受け，当事者の自尊感情が著しく
損なわれるといった事態を想定することは可能であるが，これはクリスプ集
合論に基づく質的比較分析の方法論上の限界であり，次章でいくつかの事例
をとりあげながらさらなる追究を試みていくこととしたい[16]．

　また，複雑解の結果により「婚姻関係」の存在が過労自死の条件に加えら

16）　より詳細な資料の入手ができれば，ファジィ集合論に基づく質的比較分析等による
　　分析を展開していくことも考えられるが，現時点では資料の制限により実施すること
　　が難しい．

第3章 過労死と過労自死を分かつ原因条件 89

れたことも興味深い点である．日本では有配偶者の自死は相対的に少ないことが確認されているが（石原 2003），複雑解の分析結果は，それとは逆の事態を示している．解釈としては，一般的に既婚男性は性役割意識が高いことが知られており（吉川 1998），家族に対する規範的な意識が，仕事を辞めるという選択肢を選びがたいものとし，職場で追い詰められた労働者の行き場を狭めるという状況を想定できるだろう．前章に示した仕事を辞められない理由の議論に照らすと，熊沢の指摘していた経済的不安に該当するものと考えられる．ただ，念のため付記しておけば，本書で対象とした過労死，過労自死の事例はすべて業務上の災害と認定されたものであり，当事者の家族関係が問題でなかったと判断された事例である[17]．

　以上の分析結果は長時間労働が過労自死に関連しないと主張するものではない．本書で分析対象とした判例中においても，長時間労働（1 カ月に 80 時間を超える時間外労働）は全体の 74%，過大なノルマは 95% もの高い割合で該当が認められていたのであり，重要な原因条件をなしていることは間違いない．しかし，本書の分析は両者の原因条件の違いを分析したものであるため，共通の原因条件は分析結果に反映されないのである．そのため，過労自死を過労死と区別する原因条件とはいいがたいものの，過労自死の背後に長時間労働等の過重労働が存在していることを議論の前提として認識しておかなければならない．

おわりに

　本章では，先行研究で明確にされてこなかった過労死と過労自死の違いに着目し，過労自死に特有の原因条件を明らかにすることを試みてきた．この目的に対して本章の分析結果は，①過労自死と過労死を区別するもっとも基

17）　労災認定の審査にあたり，過労死では，業務以外の過重負荷を踏まえた総合判断がなされ，過労自死では，業務以外の心理的負荷・個体側要因により精神障害を発病したと判断された場合，労災として認定されないこととなっている．

礎的な原因条件は「ノルマを達成できなかった」という出来事であり，②そこに職場における「人間関係上の問題」と「婚姻関係」という原因条件が重なることで，過労死ではなく過労自死が生じやすくなることを明らかにした．とくに，中間解に示された結果（NR＝「ノルマを達成できなかった」と「人間関係上の問題」が同時に存在）は，過労自死に特徴的な原因条件の組み合わせをコンパクトに表しているという点で，重要な結果であることを改めて強調しておきたい．

　ここでの分析は判例という限られた対象と情報量に基づくものであるため，ただちに一般化してとらえることは控えなければならない．だが，以上の分析結果は，これまで過労自死と呼ばれてきた現象が，通常の意味における過労，すなわち働きすぎによってではなく，ノルマ未達とともに加えられるハラスメント等，職場における人間関係上の問題によって特徴づけられるものであることを明らかにしている．むろん，その背景に長時間労働等の過重労働があることは事実であり，実践的な過労自死対策に「社会政策としての労働規制」（川人 2014a: 219）が必要であるということに異論はない．しかし，本章の知見を踏まえるならば，今後は「ハラスメント」等に対する法的規制（天笠 2007: 162; 川人 2014a: 199）についてもこれまで以上の注意が向けられる必要性が見出される．

　なお，質的比較分析は集合論を前提としているため，論理的には過労自死が減れば過労死が増えるというトレードオフの関係が成立することとなる．しかし，上記のように長時間労働対策とともに「ハラスメント」等への対策を講じていくことは，過労死，過労自死の母数を減らすことへと帰結するはずであり，現実的には過労自死対策により過労死が増えるということにはならないものと考えられる．

　最後に，残された課題を確認しておくと，本章の分析では，（1）原因条件が当事者に経験されるプロセス，（2）原因条件が結果（過労自死）に与える具体的な影響について明らかにすることができていなかった．そのため，次章ではこれら2つの課題について個々の事例を確認しながら詳しく検討していくこととしたい．

Column 長時間労働と被雇用者のメンタルヘルス
——2015 年 SSM 調査のデータを用いた検証

はじめに

　第 3 章では，判例の質的比較分析を通じて過労死と比較した場合の過労自死の特徴が「ノルマを達成できなかった」と「人間関係上の問題」という原因条件の重複にあることを明らかにしてきた．その際説明したように，この分析結果は長時間労働と過労自死の関連を否定しない．分析対象とした判例中，長時間労働（1 カ月に 80 時間を超える時間外労働）は全体の 74% に確認され，（過労死と比較した場合の）過労自死の特徴とは言えないながらも，重要な原因条件となっている．

　長時間労働とメンタルヘルスとの関連は，第 3 章でとりあげた事例に基づく先行研究でも指摘されており，たとえば熊沢誠（2010）は，長時間労働が過労自死の「もっとも重要な原因」と位置づけていた．また，長時間労働とメンタルヘルスとの関係に関する同様の指摘は，より多くのデータに基づく計量研究からも指摘されている（中井ほか 2011；労働安全衛生総合研究所 2011；Bannai and Tamakoshi 2014）．ただし，それら多くの調査・研究は対象が限定的であるため，知見の一般化可能性については検討の余地を残している．

　そこで，ここでは 2015 年に実施された大規模な社会調査のデータを用いて長時間労働とメンタルヘルスとの関連を検証する．

対象と方法

分析に用いるのは 2015 年に実施された「社会階層と社会移動全国調査」のデータである（2017 年 2 月 27 日版バージョン 070）.「社会階層と社会移動全国調査」は,「SSM 調査」(The national survey of Social Stratification and social Mobility) という呼称でも知られ, 1955 年以来, 10 年に 1 度の間隔で実施されている歴史ある大規模社会調査である.

調査対象は 2014 年 12 月末時点で 20～79 歳の日本国籍をもつ男女, 調査方法は層化二段階無作為抽出法であり, 全国 805 の地点で実施された. 調査期間は 2015 年 1 月 31 日～7 月 26 日までで 7817 件の回答を得ている（男性：3568, 女性：4249, 回収率 50.1%）.

その名のとおり, 調査の主たる目的は社会階層, 社会移動の変化をとらえることにあり, 職歴や出身家庭の経済状況といった質問が継続的にたずねられている. 他方, 調査回ごとに, その時代に応じた質問項目が追加され, 2015 年調査では, メンタルヘルスの状態を測るための質問が新たに加えられている.

メンタルヘルスの状態を測るための質問とは, 具体的には K6 と呼ばれる尺度である. これは Kessler ら（2002）が提案した尺度で, 6 項目の質問から構成され, 日本語版は古川壽亮ら（2003）が再翻訳法により開発している. その後, 簡便かつ精度の高いスクリーニングの尺度として（Furukawa et al. 2008）,「国民生活基礎調査」などにも採用されている. 回答の選択肢は「全くない」(0 点)～「いつも」(4 点) の 5 件法であり, 6 項目の合計得点が大きいほどメンタルヘルスの状態に何らかの問題が生じている可能性が高いと判断される. ここでは, この K6 に準じた質問項目への回答結果を従属変数（0～9 点を 0, 10～24 点を 1）として二項ロジスティック回帰分析を行う（クロンバック $\alpha = 0.880$）.

独立変数には,「1 週間あたりの労働時間」と「仕事不満感」という 2 つの変数を用いる. このうち,「1 週間あたりの労働時間」については, 労災

認定基準を参照し，週の労働時間が 61 時間未満のグループと，以上のグループに分けて分析に投入する．これは，1 カ月の時間外労働時間がおおむね 80 時間を超えないグループと超えるグループへの分割を意味しており，後者のグループを以下では「長時間労働」と呼ぶ．

「仕事不満感」については，質的比較分析で見出された過労自死の特徴的な原因条件（「ノルマを達成できなかった」と「人間関係上の問題」の重複）の代替として分析に投入するものである．それにより，質的比較分析による結果の一般化可能性についての間接的な検証を試みる．

そのほか，統制変数として，「年齢」，「婚姻状況」，「従業上の地位」，「職業分類」（SSM 総合職業分類），「仕事自律性」を用いる．「仕事自律性」は，職場におけるストレスとの関連が早くから指摘されており（Karasek 1979），重要な要因ではあるものの，ここでは「長時間労働」および「仕事不満感」とメンタルヘルスとの関連を検討することが主目的であるため統制変数として分析に投入することとした．対象は 20～59 歳の被雇用者の男性であり，記述統計量は以下のとおりである．

記述統計量のうち，K6 得点の平均値は 5.29，中央値は 4 であった．K6 得点の評価基準としてはいくつかの見方が提唱されているが，川上憲人（2007）は，K6 合計得点 5 点以上を心理的ストレス相当，10 点以上を気分・不安障害相当，13 点以上を重症精神障害相当としている．この基準に照らすと，今回のデータにおける K6 の中央値は 4 なので，約半数はとくに問題ないものの，残りの約半数は「心理的ストレス相当」以上の状態にあることがわかる．

1 週間あたりの労働時間は平均で 46.2 時間，中央値は 45 時間であった．なお，二項ロジスティック回帰分析では，外れ値の影響を強く受けるため，ここでは 1 週間の労働時間 140 時間という回答 1 件を除外している．

仕事不満感とは，仕事内容への満足度をたずねた項目への回答結果を反転させたもので，1～5 点のうち値が高いほど不満ということを意味している．

表 1　記述統計量

$N = 1,350$	平均値	中央値	SD	最小値	最大値
K6 得点	5.29	4	4.519	0	24
1 週間あたりの労働時間	46.2	45	10.872	4	119
仕事不満感	2.08	2	0.987	1	5
仕事自律性	2.89	3	0.896	1	4
年齢	41.88	42	10.165	20	59
婚姻状況	66.4%	–	–	–	–
職業：専門（基準）	20.7%	–	–	–	–
職業：大企業ホワイトカラー	24.4%	–	–	–	–
職業：中小企業ホワイトカラー	14.4%	–	–	–	–
職業：大企業ブルーカラー	15.4%	–	–	–	–
職業：中小企業ブルーカラー	25.1%	–	–	–	–
従業上の地位：正規（基準）	89.5%	–	–	–	–
従業上の地位：非正規	10.5%	–	–	–	–

今回のデータセットでは平均値 2，中央値 2.08 であり，「どちらかといえば満足している」という回答が多かったことがわかる．

　仕事自律性とは，仕事内容やペースを自分で決めることができるかという質問への回答結果を反転させたものであり，1～4 点のうち値が高いほど仕事自律性が高いということを意味する．平均値，中央値ともおよそ 3 であることから，多くの回答者が自身の仕事をある程度はコントロールできていると答えていることがわかる．

　年齢については，連続変数として分析に投入した．SSM 調査では 20～79 歳までを対象としているが，ここでは一般的な被雇用者に限定するために，定年を考慮し，分析対象を 20～59 歳までとした．

分析結果

分析の結果を表2に整理した.

独立変数として投入した「長時間労働」は5％水準で有意で，かつ係数がプラスであることから，長時間労働がメンタルヘルスの悪化に影響を与えていることがわかる．より具体的には，週の労働時間が61時間以上の人は61時間未満の人と比べて，K6得点が10点以上になる確率が1.751倍になるということが示されている．これまで先行研究でたびたび指摘されてきたとおり，過労自死対策を考える上では，長時間労働への対策がまず必須であるものと考えられる.

また，質的比較分析の結果の一般化可能性について試験的に投入した「仕事不満感」も同じくメンタルヘルスと有意に関連していることが確認された．質的比較分析の結果は，長時間労働の存在を前提としたうえで，過労自

表2　ロジスティック回帰分析の結果

男性・被雇用者全体	B	標準誤差	Bの信頼区間		Exp（B）	Exp(B)の信頼区間	
			下限	上限		下限	上限
長時間労働	0.560	0.272	0.027	1.094	1.751*	1.027	2.986
仕事満足感	0.412	0.074	0.267	0.556	1.509***	1.306	1.744
仕事自律性	-0.156	0.084	-0.321	0.009	0.856	0.725	1.009
年齢	-0.024	0.008	-0.040	-0.008	0.976**	0.961	0.992
婚姻状況	-0.185	0.172	-0.523	0.152	0.831	0.593	1.164
大企業ホワイトダミー	0.420	0.238	-0.045	0.886	1.523	0.956	2.425
中小企業ホワイトダミー	0.393	0.267	-0.131	0.917	1.481	0.877	2.502
大企業ブルーダミー	0.142	0.269	-0.386	0.670	1.153	0.680	1.954
中小企業ブルーダミー	0.344	0.233	-0.113	0.802	1.411	0.893	2.230
非正規ダミー	0.216	0.231	-0.236	0.668	1.241	0.790	1.950
CoxSnell決定係数			0.056				
N			1,350				

注）＊＊＊p＜0.001，＊＊p＜0.01，＊p＜0.05

死には「ノルマの未達成」と「人間関係上の問題」の重複が特徴的な原因条件として存在することを明らかにしたものである．そのことは，過労自死の発生には，「長時間労働＋α」[18]という構造が存在することを意味するが，ここでの分析結果からは，それが判例という対象を超えて一般化できる可能性を示唆する．ただし，これは「ノルマの未達成」と「人間関係上の問題」の重複が「仕事不満感」によって正しく代替されていればの話であり，今後より厳密な検証が必要である．

いずれにしても，ここでは過労自死対策を考えるうえでは，長時間労働対策が必須であるが，それだけでは不十分であり，仕事不満感，おそらくは「ノルマの未達成」と「人間関係上の問題」の重複に注意する必要があるということを確認しておきたい．

参考文献

Bannai, A. and Akiko T., 2014, "The association between long working hours and health: A systematic review of epidemiological evidence," *Scand 3 Work Environ Health*, 40(1): 5-18

古川壽亮・大野裕・宇田英典・中根允文，2003，『一般人口中の精神疾患の簡便なスクリーニングに関する研究』平成14年度厚生労働科学研究費補助金（厚生労働科学特別研究事業）心の健康問題と対策基盤の実態に関する研究協力報告書．

Furukawa T. A., Norito K., Mari S. and Yutaka O., 2008, "The performance of the Japanese version of the K6 and K10 in the World Mental Health Survey Japan," *International Journal of Methods in Psychiatric Research*, 17(3): 152-8.

Karasek RA., 1979, "Job demand, job decision latitude, and mental strain: implications for job redesign," *Adm Sci Q*, 24: 285-308.

Kessler, R. C., Andrews G., Colpe L. J., Hiripi E., Mroczek D. K., Normand S. L.,

---

18) 第3回過労死防止学会の特別シンポジウムでは，「過労自殺」概念の提唱者である川人博氏もこの表現を用いて，過労自死には長時間労働にプラスαの要因が重複していることを強調されていた．

Walters E. E. and Zaslavsky A. M., 2002, "Short screening scales to monitor population prevalences and trends in non-specific psychological distress," *Psychological Medicine*, 32: 959-76.

川上憲人，2007，「全国調査における K6 調査票による心の健康状態の分布と関連要因」『平成 18 年度政策科学総合研究事業（統計情報総合）研究事業「国民の健康状況に関する統計情報を世帯面から把握・分析するシステムの検討に関する研究」分担研究書』.

中井正美・織田侑里子・高橋侑子・田渕優奈・木村眞子・森岡郁晴，2011，「病院に勤務する看護師のワークライフバランスと精神的健康度の関連」『日本健康教育学会誌』19（4）：302-12.

労働安全衛生総合研究所，2011，行政要請研究報告書「ストレスに関連する症状不調の確認項目の試行的実施」，（2017 年 10 月 26 日取得，https://www.jniosh.go.jp/publication/doc/houkoku/2011_03/stress_check.pdf#zoom=100）.

付記

　本研究は JSPS 科研費特別推進研究事業（課題番号 25000001）に伴う成果の 1 つであり，本データ使用にあたっては 2015 年 SSM 調査データ管理委員会の許可を得た.

第4章 2つの原因条件が経験される
プロセスと心理的影響（事例分析 I）

はじめに

　前章では，過労死と比較した場合の過労自死に特有の原因条件を明らかにするために，両者の判例（58件）を対象とした質的比較分析を行った．その結果，①過労自死と過労死を区別するもっとも基礎的な原因条件は「ノルマを達成できなかった」という出来事であり，②そこに職場における「人間関係上の問題」と「婚姻関係」という原因条件が重なることで，過労死ではなく過労自死が生じやすくなることを明らかにしてきた．とくに，「ノルマを達成できなかった」と「人間関係上の問題」という原因条件の組み合わせは，過労自死の特徴を考えるうえで重要であると考えられ，本章ではこの2つの原因条件の重複を中心に議論を掘り下げていく．

　具体的な検討課題は，(1) 原因条件が当事者に経験されるプロセス，(2) 原因条件が結果に与える心理的影響について，の2点である．これらの課題は，質的比較分析（csQCA）では方法論上明らかにすることができないものであり，個々の事例に立ち返りながら細かく確認しなければならないことは前章で述べたとおりである．本章では，これらの課題について，次のような順序で検討していく．

　まず，第1節では，質的比較分析で用いた判例のなかから比較的情報量が多い3つの事案を例示する．ここでの目的は事例の全体像を示すことにあるため，分析的な記述は最低限に抑え，概要のみ提示していく．

100 第Ⅱ部 過労自死に特有の原因条件の分析

　次に，第2節では，(1) 原因条件が当事者に経験されるプロセスについて，上記3事例を振り返りながら，自死に至るまでの出来事と時系列に焦点を定めて整理する．その後，「ノルマを達成できなかった」と「人間関係上の問題」が重複した自死事案すべてを一覧表に整理し，全体的な傾向を確認していく．結果の要点のみ述べておくと，①「ノルマを達成できなかった」と「人間関係上の問題」のどちらが先行し，どちらが随伴するかという時系列的な発生順序については明確な傾向性を見出しにくいものの，相対的には「人間関係上の問題」が先行する場合が多いことが明らかになる．また，②死亡時期が近づくにつれ，「ノルマを達成できなかった」と「人間関係上の問題」が重複する割合が高くなり，ほとんどの事案で死亡前1カ月以内に2つの原因条件が重複して経験されていることが明らかになる．

　第3節では，(2) 原因条件が結果へ与える具体的な影響，つまり「ノルマを達成できなかった」と「人間関係上の問題」という原因条件の重複が，なぜ結果（過労自死）への傾向を生みだすのかという点について検討する．個人の自死念慮，自死企図を検討するにあたっては，理論的枠組みとして，臨床の領域から提唱されている「自殺の対人関係理論」を参照する．分析対象は第1節に提示した3事例であり，2つの原因条件は繰り返し経験されるなかで相互に当事者の否定的な自己認識を強化させるということを例証していく．

第1節　事例提示

　本節では，前章の質的比較分析で用いた過労自死の判例のなかから，「ノルマを達成できなかった」と「人間関係上の問題」が存在し，比較的情報量が多い3つの事案を例示していく．ここでの目的は事例の全体像を示すことにあるため，解釈や分析的な記述はあえて省き，概略のみを記述していくこととする．

1 Z検査サービス株式会社社員の自死（事例4-1）

本件は，Z検査サービス株式会社（以下，被告企業）に勤務していた52歳の社員Dが過重な労働と人間関係上の問題からうつ病を発症し，2006年1月に自死したケースである．以下，神戸地判平成25年6月12日（LEX/DB文献番号25501359）に掲載されている情報をもとに概要を整理していく．

勤務先の背景

まず勤務先の背景について確認しておきたい．Dは1979年4月，Y製鋼所に入社し，鋳鍛鋼部門において開発・技術および営業等の業務に従事していた．その後，2002年1月よりY製鋼所の完全子会社である被告企業に出向し，営業部次長兼事務所長，検査部次長兼営業部次長等の役職を経て2004年4月から検査部検査プロジェクト室長に就任した．

当時，被告企業内では，Dがまとめた週報をもとに，業務の進捗状況を社長以下幹部が検証し，将来的な業務の進め方を議論する検査プロジェクト会議（週1回）や，課長職以上の社員が出席し売上実績の報告，売上計画の策定を行う生産会議（月1回程度）等が開催されていた．社長は仕事に厳しく，売上拡大に力を入れていたこともあり，検査プロジェクト会議等において，Dに注文をつけたり，叱責したりすることがたびたびあったとされる．同様に，常務も仕事面での目標達成に厳しく叱りながら仕事をさせるタイプであり，Dに対して注文をつけたり，叱責したりすることがたびたびあった．また，D自身，部下の扱いになれていないこともあって，部下に高圧的に接することがあり，社内でやや孤立しがちであったとされる．

勤務上の出来事1（2005年3〜8月）

以下，Dが自死に至るまでの出来事を時系列に沿ってみていく．2005年3月，Dは自らの希望で昇格を内示され，常務から検査プロジェクト室の将来戦略の策定を命じられた．これを受け，同月末，Dは2010年度までの要

員計画を中心とした「検査プロジェクト室の要員分析と将来構想」と題する書面を常務に提出した．しかし，設定期間が長すぎること，市場動向や運営戦略も記されていないことなどを指摘され，「3カ年計画」として作成しなおすよう命じられた．その後，中期目標売上高がDの考えより高く設定されるとともに，検査業務の内容を広げて差別化を図る方針とするように求められるなど，自身の考えと異なる実現困難な計画の策定を求められ，Dは悩みを深めていくこととなる．ちなみに，この「3カ年計画」は，2006年2月初め頃までに常務に提出し，社内でヒアリングを行った後，常務が親会社であるY製鋼所に説明することになっていたが，Dが死亡した同年1月30日時点において，完成に至っていなかった．

この頃，被告企業では取引先で相次いで生じたトラブルへの対処のため，急激に仕事量が増加している．すなわち，2005年4月22日，取引先の発電所において，検査プロジェクト室が派遣した検査員が怪我をする事故が発生した．加えて，同年5月8日には，製鉄所において，ガス管の破裂により発電所の運転が停止する事故が発生し，同月24日にも，同所においてボイラーの一部が爆発する事故が発生した．被告企業は，事故の原因調査等のための検査業務を受注し，緊急かつ多数の検査員が必要になった．これを受けDは検査員の確保等に奔走することとなったが，急な依頼であったため協力会社から検査員の派遣を断られたり，他部署からクレームを受けたりすることとなり対応に苦慮していたとされている．

当時のDの労働状況は，2005年4〜8月の所定時間外の労働時間でいずれも80時間（月）を超えており，なかでも，5月および6月は100時間を超える時間外労働を余儀なくされていた（5月＝146.83時間，6月＝115.58時間）．

勤務上の出来事2（2005年9〜12月）

2005年9月，DはY製鋼所入社時の直属の上司であり，良き相談相手でもあったHに相談に乗ってほしいと連絡をとり面会した．相談内容は主に職場での「人間関係上の問題」についてであり，たとえばDは「上司との

折り合いが悪い」,「上司に自分の考えや企画を通してもらえない」といったことを打ち明け助言を求めている.これに対して,Hからは「退路を断て」,「Y製鋼所にはもうお前の帰るところはない」といった返答があった.

Dは同年夏頃から,妻に対しても,徐々に仕事上の悩みを打ち明けるようになっており,その回数は秋から冬にかけて増えていった.具体的には,常務について,「できないのにやれと言われる」,「強い口調で知らんぞと言われる」,「話をしても聞いてもらえない」,「常務の席の方向から強い圧迫を感じる」等と話していた.また,部下の管理についても,「自分は人の使い方が下手なのか」等とこぼし悩んでいる様子であった.同年秋頃には,「会社を辞めてもいいかなあ」と話し,これ対し,妻は「子供たちが大学を卒業してから考えてね」等と答えた.

同年10月,Dが関わっていた検査業務においてミスが発生し,400万円程度の損害賠償請求を受けた.このミスは,Dが外注していた関連会社の負うところが大きく,実際の損害賠償は比較的些少で済んだものの,同月中旬の生産会議において,役員から検収ができていないことを指摘された.これに対してDは,「それは課長に任せている」と責任転嫁とも取れる発言をし,その場で社長から注意を受けた.本件に関してDは,後日改めて社長に呼び出され注意を受け,さらに常務や部長からも注意を受けている.

同月末頃,Dは所長と食事をした際に,生産会議における発言について,「そんなつもりはなかった」等と訴え,途中,涙を見せながら「辞めたい」,「営業とうまくいかない」等と話していた.この様子を見て,Dが精神的なバランスを崩しているような違和感を覚えた所長は,Dに1〜2カ月間会社を休むようアドバイスし,常務および部長にも報告した.常務は,この報告を受けて,Dに「大丈夫か」と声をかけたが,Dが「何ですか」と答えたため,様子を見ることにし,それ以上の対応はしなかった.なお,同時期,Dにとって検査技術等の相談相手であった同僚が異動となり,被告企業を離れたため,Dは業務について誰にも相談できず,さらに孤立を深めていくこととなった.

同年11月26日,Dは「会社にいると遺書が書きたくてたまらなくなる」

104　第Ⅱ部　過労自死に特有の原因条件の分析

等と言って帰宅し，同日，遺書の作成を開始した．そのころから，Dは妻に対して，自死を匂わせるような発言をするようになった．なお，この期間（2005年9〜12月）についても，時間外労働時間はいずれも80時間（月）を超えていた．

勤務上の出来事3（2006年1月）

　2006年1月，Dは発電所の検査業務の検査員を1名も確保できず業務を断ったことにより，営業部事務所長から抗議を受けた．また，同月25日，Dは社長，常務らとともに，協力会社の役員らとの新年会に参加したが，その席上で居眠りをし，新年会終了後，常務から叱責を受けている．

　同じ頃，Dは妻に対し，「会社を辞めてもいいか」と聞いた．これに対し，妻が「子供たちをまだこれから大学にやらなくちゃいけないし，経済的なこともあるし」等と答えたところ，Dは「子供たちが大学を卒業するまでは頑張らないとな」と応じた．その後，Dは「仕事から外されているような気がする」，「もうこの人間関係は戻せない」，「リセットしたい」等と口にするようになった．

　同月29日，Dは自身が確認して出すべき見積もりが確認されずに誤って安く顧客に提示された件について，翌30日の検査プロジェクト会議で報告しなければならず，悩んでいた．そして，その日（30日），Dはホテルの一室において自死した．自死直前である2006年1月の所定時間外の労働時間は100時間を超え，101.68時間に及んでいた．遺書には，仕事について次のような記述が遺されていた．

　① 2005年11月26日，2006年1月27日付け「遺書」

　　「仕事で悩み，上司に悩み，疲れました．自分の力の無さをつくづく痛感したのも事実です．自分に自信が持てなくなりました．被告企業に出向させられたことは，私にとって悲劇だったのかも知れません．一生懸命にやってきましたが，どこかで歯車が噛み合わなくなりました．今から歯車を噛み合わせることは，難しいと感じております．

第4章　2つの原因条件が経験されるプロセスと心理的影響（事例分析Ⅰ）　105

部下を見下し，自分の意見が常に正しいとする，社長，常務，そして部長　もう付いて行くことは出来ません．売上至上主義は，何のためか，検査プロジェクト室の室長として支援なく戦うことは，死地に追い込まれた気持ちで一杯です．危ないところには，出ない上層部　エンジ思想は，私には合いません，努力して，努力して仕事をして来ましたが，終に私の思考能力を悪い方に変えてしまいました．自分たちの責任を回避するその姿は，私には，納得いきません」[1]

②自殺したホテルのメモ用紙に手書きで記載されたもの
「被告企業　皆様へ　小心物の私し（原文ママ）をお許しください．D」
「何故，何故，何故，絶対におかしい　疲れました．」
「常務殿　パワハラの言葉をお存知ですか　神経がおかしくなります．D」
「お母さんへ　会社に殺された！」

以上が，本事例の概要となる．

2　X県公立学校教諭の自死（事例4-2）

次にとりあげる事例は，X県公立学校教諭として勤務していた41歳のEが，教員間の対立，生徒からの暴言・授業妨害による学級運営の困難を経験し，うつ病を発症．2001年12月に自死したというケースである．以下，広島地判平成25年1月30日（LEX/DB 文献番号 25500317）に掲載されている情報をもとに，概要を整理していく．

勤務校の背景

Eが，X県の公立学校教諭として採用されたのは，1984年4月であった．以降，いくつかの学校で教鞭をとり，1999年4月より，W高校で勤務する

---

1)　判例中の注記によれば，「エンジ思想」とはエンジニアリング営業本部の積極的な営業活動を行う姿勢を指したものと考えられている．

こととなった.

　W 高校は，1999 年 4 月に県内の 2 つの高校を統合し開設された高校であった．統合以前，それぞれの高校は，地域の成績上位層が進学する高校・成績下位層が進学する高校として位置づけられていた．そのため，両校の校風や教育理念，指導方針には大きな隔たりがあり，それぞれの高校の教員間にも不信感や対立があった．

　統合後，他校から新規に転入した教員はきわめて少なく，E は，「どちらの教員集団にも属さず，中立的な立場にあったが，教員間の対立を異常な状態と受け止めて苦悩していた」とされている．

勤務上の出来事 1（2000 年度）

　E は W 高校に赴任後 2 年目から，1 年生のクラス担任を受け持つこととなった（前年度は副担任）．このクラスには，問題行動をとる生徒が多数含まれていた[2]．この年，E に浴びせられた暴言の数々と，それに対する E の反応を以下にみていく．

　判例の記述によれば，E に向けられた暴言等は入学式当日から始まったとされる．たとえば，自己紹介中，「ひげがきもい」等のヤジを飛ばされたことが記録されている．通常の授業開始後は大きな声での私語や携帯電話の着信音を大音量で鳴らす，勝手に教室から出ていく，教室内を歩き回る，教室内で物を投げる，音楽を聞いたりする等の授業妨害を受けていた．

　E はこのような授業妨害行為を見過ごさず，生徒に対していつも穏やかな口調で辛抱強く注意をしていたが，2 学期（9 月）以降，生徒の反発は激しさを増し，注意を受けた生徒は「うるさい」，「うざい」，「死ね」，「キモい」，「学校来るな」，「担任かわれ」等の暴言を吐くようになった．E はこのような場面にあっても，注意を続けることがあり，そのために授業やホームルームが中断したまま終了時刻を迎えることがあった．

　なお，このような授業妨害行為には，クラスの約 3 分の 1（10 名ほど）の生徒が関わっていたが，E は自分の授業内での問題は生徒指導部へ報告せず，個人的に対処しようと努めていた．これは生徒指導部からの個別指導

第 4 章　2 つの原因条件が経験されるプロセスと心理的影響（事例分析 I）　107

が，ひいては生徒が中途退学するきっかけになりかねないという E の判断に基づくものであった．ほかにも，E は入学時から不登校となっていた生徒への対応（家庭連絡，家庭訪問，他の高等学校への就学相談に少なくとも 1 年で 20 件赴く等）や，問題行動を起こした生徒宅への家庭訪問（少なくとも 1 年で 56 件），留年となりそうな生徒 2 名を W 高校の定時制クラスへ転籍させるための手続き等，熱心に教育活動に取り組んでいた．

勤務上の出来事 2（2001 年度 4～5 月）

翌年の 2001 年度，E は 2 年生のクラスを担任することとなった．前年度の生徒をそのまま引き継いだわけではなかったが，担当することとなったクラスには問題行動をとる生徒が複数在籍しており，授業妨害行為は続くこととなった．

判例に記されているところでは，注意する E に対して「お前が黙れ」，

---

2)　ほかに，知的障害のある生徒も 1 名含まれており，E はこの生徒の失禁処理等にもあたっていた．また，E は普段，会議で発言することはなかったが，2001 年 3 月に行われた入試判定会議で，定員内不合格の提案が校長から出された際には，「障害者生徒がいることで周りの生徒が育っている．周囲の生徒に与える影響は大きい．障害者の存在は大きく，意味がある．0 点で入学した障害者生徒に関わり，この 1 年間自分が行ってきたことは無駄だったのか，誤りだったのか」等と厳しい口調で強く反対意見を述べた．E はその後の会議においても定員内不合格に反対を表明し続けたが，結局，E の意見が通ることはなかった．

この入試判定会議での出来事について，裁判所は「知的障害のある生徒をクラスに抱えながらも，その生徒を含め，みなが同じように卒業できるように努力してきた E の教員としての自負心，あるいは誇りを傷付けるばかりか，また知的障害のある生徒をクラスに抱えたために E がしてきた苦労が何ら評価されていないことが示された出来事であったといえ，そのため，これにより E が受けた精神的打撃は大きかったものと推認できる」との見解を示している．なお，同月に行われた進級判定会議では，ある生徒（1 年生）の進級可否が議論され，進級を認めないという意見が大勢を占めたところ，同僚の教諭は生徒の将来のために進級させるべきと意見を述べ，「何を信じてよいか分からない．学校を辞めさせてもらう」などと述べ会議を中座，翌月のはじめに自死している．

108　第Ⅱ部　過労自死に特有の原因条件の分析

「帰れ」，「消えろ」，「キモい」，「死ね」等の暴言が浴びせられ，さらには胸
ぐらをつかんで「黙っとけ，シバクぞ」等と詰め寄られ，ホームルームが中
断することがたびたびあったとされている．こうした生徒からの暴言や反抗
的態度は前年度よりも激しく，酷いものであり，学級運営は困難をきわめて
いた．

　新年度開始からおよそひと月後の 5 月 11 日（金），数名の生徒に「お前な
んか死んでしまえ」，「担任でなければよかった」等の暴言を吐かれた E は，
翌週の月曜日から有給休暇を取得し，そのまま約半年間の病気休暇を取得す
ることとなった．

勤務上の出来事 3（2001 年度 11〜12 月）

　E が職場に復帰することとなったのは同年 11 月 26 日のことであった．職
場復帰にあたり，E は担任を外れ，同じクラスの副担任となった．だが，精
神状態が正常でないことは見た目にも明らかであり，職場復帰した当日は 4
時間勤務した後に早退し，翌 27 日は有給休暇を取得した．翌 28 日，一度は
出勤したものの，授業に出ることができず，その日の午後に医療機関を受診
し，自宅療養を指示された（同年 12 月 3 日から 2002 年 3 月 31 日まで自宅
療養等を要する旨の診断書が作成された）．

　しかし，E はその指示に従わず，11 月 30 日から出勤を再開した．その
後，2 週間程度は出勤を継続していたが，12 月 15 日に再び体調不良により
出勤できない状態となる．翌 16 日，E は遺書を残して家を出た後，市内の
山林にて縊死に至った．

　なお，E は職場復帰した 11 月末以降も，以前同様の授業妨害行為にあっ
ており，生徒から暴言を吐かれたり反抗的な態度をとられたりしていた．自
死直前の同年 12 月中には，数名の女子生徒に囲まれて，「死ね」，「キモイ」，
「学校に来るな」等の暴言を矢継ぎ早に吐かれたことがあったとされている．
以上が本事例の概要となる．

3　T電力社員の自死（事例4-3）

　最後にとりあげるのは，T電力に勤務していた36歳の社員Fが，過重な労働と人間関係上の問題からうつ病を発症し，1999年11月に自死した事例である．以下，名古屋地判平成18年5月17日（LEX/DB文献番号28111340）を参照し，概要を提示していく．

勤務先の背景

　Fは高校卒業後，1982年4月にT電力に入社し，S発電所に配属された．その後，1990年8月にR株式会社へ出向した後，Q発電所等での勤務を経て，1997年8月にT電力火力センター工事第1部環境設備課燃料グループに異動となった．燃料グループは，火力発電所で使用する燃料の受入れ，設備の点検・修理等に伴う技術検討や予算編成等を担当する部門である．Fは入社以来一貫して火力発電所等の現場における技術職として働いてきていたが，環境設備課（燃料グループ）に配属されて以降は，デスクワーク中心の業務に従事することになった．

　Fの性格は几帳面，まじめで責任感が強いというものであった．ただ，自らの業務について，考え込んだり，自分で抱え込んだりしてしまう傾向にあり，担当業務を要領よくこなすことができないこともままあった．そのため，担当業務の進捗状況は，必ずしもはかばかしいものではなかったとされている．

勤務上の出来事1（1998年7月以降）

　1998年7月，Iが環境設備課の課長となった．I課長は大きな声で直接的な話し方をする人物であった．その口調はきついものであり，課長席の前や会議コーナーに課員を呼びつけ，他の課員に聞こえるような声で指導することもあった．動きの悪い課員に対しては，結果として対応が厳しくなり，Fはどちらかといえば，動きの悪い方であると見られていた．I課長はFの仕事ぶりについて，努力はしていると感じていたが，さほど成果を上げている

とは思っておらず，Fがした仕事のできに関しても，あまり優れたものではないと評価していた．そのため，I課長はFについて，とくに厳しく指導し，また，副長を同席させて指導を行うこともあった．このような指導に関しては，I課長自身も，ときおりきつく言い過ぎたと感じていたとされるが，一方で遺族によれば，I課長は常々「Fに期待しているから怒るんだ」等と言い，Fに対する叱責を当然なことであるかのように広言していたという．

　FはこうしたI課長の指導に関し，妻に「また，課長に怒られちゃったよ．期待してくれているからだと思うけど」や，「おまえなんか，いてもいなくても同じだと言われた」等と漏らしたことがあった．

勤務先での出来事2（1999年8月以降）

　1999年8月，Fは環境設備課の主任に昇格した．その際，I課長はFに対し，主任としての心構えについて文書化し，提出するよう指示した．これを受け，Fは「主任としての心構え」と題する文書をI課長に提出したが，書き直すよう指示を受け，Fは修正し再提出している．この文書は業務上の指示だけでなく，Fの私生活の在り方にまで干渉する内容が含まれるものとなっており，以下に一部を抜粋しておく．

　　1　自己管理
　・個人に与えられた業務を完結させるため全力を尽くす．
　・問題解決が困難または，一度に業務が集中した場合は，早く上長に相
　　談する．
　・常に上長や同僚の目を意識し，恥ずかしくないような業務の取組方を
　　する．
（中略）

　　2　グループ意識
　・個人的な見栄を捨てる．人から相談を受け解らないときは，はっきり
　　と解らないと言う．急ぐ場合は，知見の上の人に聞く．（先頭に立っ

第4章 2つの原因条件が経験されるプロセスと心理的影響（事例分析I） 111

て恥をかく）また，後ほど自分の知識となるよう勉強する．

（中略）

3　油，LNG 関係の主任として

・自分の業務と各担当の業務，どれが欠けても自分の責任であると意識する．

（中略）

4　私生活

・仕事以外の趣味を増やす．（今年は将棋を覚える）

・家族を今以上に大切にする．（休みの日に，疲れた顔を子供に見せない）

この頃のFは，10件程度の予算編成に関わっていた．主任に昇格した8月の時間外労働時間は86時間24分であり，前月（7月）の61時間44分および前々月（6月）の51時間17分から大幅に増加していた．

うつ病の発症（1999年9月以降）

1999年9月下旬頃，Fは妻に対し，「4時か5時ころになると仕事をしている夢を見て，目が覚める．毎日，汗をびっしょりかいて，どうきがする．1時間くらい寝れない」等と訴えるようになる　そのころのFは，「今でも忙しいのに，予算の時期にはもっと忙しくなる．どうなるんだ」[3]，「時間ばっかたって空回りしている」等と漏らし，焦っている様子であった．判例によれば，Fはこの時期にうつ病を発症したと認定されている．

同年10月末頃，I課長は主任昇格後の業務の進め方等について意見を聞くため，Fと面談する機会を設けた．面談の途中，I課長はFに対し，Fの集中力低下の原因が結婚指輪を身に着けていることにあるのではないかと指摘したうえ，勤務中は結婚指輪を外すよう指示した．これに対し，FはI課

---

3)　燃料グループの担当者にとっては予算編成にかかわる資料作成等のため，例年8〜11月頃までの期間が通年でもっとも繁忙度の高い期間であった．

112　第Ⅱ部　過労自死に特有の原因条件の分析

長に反論したり，反発したりするような態度を示すことはなかった．この出来事について，Ｆは妻に「Ｉ課長に，目障りだから，そんなちゃらちゃらした物は着けるな．指輪は外せと言われている」と話した．

　なお，Ｆの９月の時間外労働時間は93時間57分，10月は117時間12分とさらに増加していた．

自死直前の様子（1999年11月以降）

　同年11月５日，Ｆは妻に帰宅する旨の電話をかけた際，「土曜日も日曜日も仕事に行くから」と告げた．帰宅後，それについて妻がＦに「どうしてそんな仕事ばかり行くの」と問いかけたところ，Ｆはただ不機嫌そうに黙っているだけであった．また，翌６日に休日出勤した際には，午後10時頃に妻に電話をかけ，「仕事がたくさんあって，48時間やっても終わらないよ」と述べたという．

　同月８日午前，Ｆはいつもと同じように，自家用車で自宅を出発したが，同日午後に自家用車の車内で焼死しているのが発見された．以上が本事例の概要となる．

　ここまで，本節では前章の質的比較分析に用いた判例から，「ノルマを達成できなかった」と「人間関係上の問題」が存在する３事例について概観してきた．先述のとおり，本節の目的はデータの提示にあるため，分析的な記述を避け，各事例の事実関係に焦点を定め記述することを優先した．次節では，これら３事例を対象として上記２つの原因条件が経験されるプロセスを整理していくこととしたい．

第２節　原因条件が経験されるプロセス

　本節の目的は，「ノルマを達成できなかった」と「人間関係上の問題」という原因条件がどのようなプロセス（時間的前後関係）のなかで当事者に経験されるかを明確にすることである．これら２つの原因条件の重複が過労死と比較した場合の過労自死に特徴的な原因条件であることは前章に示したと

第4章 2つの原因条件が経験されるプロセスと心理的影響（事例分析Ⅰ） 113

おりであるが，この結果の提示だけで過労自死の発生メカニズムを十分説明できたとはいいがたい．そのため，以下では2つの原因条件がどのような時間的前後関係で生じ，結果（過労自死）へと結びつくのかを上記3事例に基づき検討していく．

まず，最初に提示したZ検査サービス株式会社社員Dが自死に至るまでの経緯を確認していく．表4-1はDが自死に至るまでの出来事を時系列に沿って整理したものである．

表中の「●」は判例中この期間に具体的な出来事が生じていたと記載されていることを表している．一方，「○」は判例中，具体的な記述はないものの，期間中継続的に出来事が生じていたと推認されることを表している[4]．また「その他」の項目には，「N＝ノルマを達成できなかった」，「R＝人間関係上の問題」，「L＝長時間労働」以外の特筆すべき出来事の存在を示して

表4-1　Dの事例における各原因条件の発生時期

年月	1979年 4月	2002年 1月	2004年 4月	2005年 4月	5月	6月	7月	8月	9月	10月	11月	12月	2006年 1月
N				●									●
R	入社	●	○	○	○	○	○	○	○	●	○	○	●
L				●	●	●	●	●	●	●	●	●	●
その他		出向	異動	昇進	T1					T2,T3			死亡

●＝判例中に具体的な出来事の記述あり，○＝判例中に具体的な出来事の記述はないが，当該の原因条件が継続して存在していたと推認される，T1＝発電所において立て続けに事故（2件）が発生した，T2＝顧客より損害賠償請求を受けた，T3＝相談相手だった同僚が異動した．

---

4)　たとえば，上司との折り合いの悪さ（人間関係上の問題）等は単発的というよりも継続的に生じている場合が多く，判例中にも「叱責されることが度々あった」というように発生時期を限定せず出来事の存在を推認している場合がある．

114　第Ⅱ部　過労自死に特有の原因条件の分析

いる.

　この表に基づきいま一度概要を振り返ってみると，本事例においては，
「人間関係上の問題」が先行して経験されており，その後に「ノルマを達成
できなかった」に準じる出来事が生じていたこと，および死亡直前において
は短期間のうちに両方が経験されていたことが確認される.

　すなわち，D は 2004 年 4 月に検査部検査プロジェクト室長に就任して以
降，社長をはじめ常務らからも叱責を受けるようになり「人間関係上の問
題」を抱えるようになっていた. その後 2005 年 4 月に昇進して以降，将来
戦略の策定やトラブルへの対処のため長時間労働が常態化するようになり，
孤立しがちな状況のもとで，課された職務を十分に遂行できず，さらに繰り
返し叱責を受けるという悪循環に陥っていた. 死亡直前の 2006 年 1 月には
引き続き叱責を受けつつ，100 時間を超える時間外労働（月）に従事するな
かで，見積もりの確認ミスを犯し悩んでいたことが記録されていた.

　次に，X 県公立学校教諭 E の経緯についてみていく（表 4-2）.

　表 4-2 によれば，本事例においても「人間関係上の問題」が先行して経験
されており，その後，「ノルマを達成できなかった」に準じる出来事が生じ
ていたこと，および死亡直前において短期間のうちに両方が経験されていた
ことが確認される. とりわけ，本事例では休職や死亡といった重大な出来事
の直前に生徒からの暴言を受けていたことが明確に確認でき，「人間関係上
の問題」の影響力の強さが示唆されている点に注目する必要がある.

　具体的に振り返ると，E は 1999 年 4 月に W 高校に赴任して以降，常に生
徒からの暴言や授業妨害等の「人間関係上の問題」を経験しており，翌年以
降は学級運営にも困難（ノルマの未達成）を強いられていた. 生徒への対応
苦慮や学級運営の困難さを「ノルマを達成できなかった」ととらえることに
ついてはやや違和感があるものの，類似する事例（判例）ではこれが「ノル
マを達成できなかった」に該当すると認められており，一定の妥当性を有し
た判断であると考えられる. また，新設校という特殊な職場環境のもとで，
E は教員集団のなかでも孤立した状況におかれていたことを確認してきた.
その後，2001 年 5 月，数名の生徒に「お前なんか死んでしまえ」，「担任で

第4章　2つの原因条件が経験されるプロセスと心理的影響（事例分析 I）　115

表4-2　Eの事例における各原因条件の発生時期

年月	1984年 4月	1999年 4月	2000年								
			4月	5月	6月	7月	8月	9月	10月	11月	12月
N			●	○	○	○	○	○	○	○	○
R	採用	●	●	○	○	○	○	●	○	○	○
L											
その他		赴任	T1								

年月	2001年											
	1月	2月	3月	4月	5月	6月	7月	8月	9月	10月	11月	12月
N	○	○	○	○	○						○	○
R	○	○	○	●	●						●	●
L												
その他			T2	T3	休職					→復帰	死亡

●＝判例中に具体的な出来事の記述あり，○＝判例中に具体的な出来事の記述はないが，当該の原因条件が継続して存在していたと推認される，T1＝この年度からクラス担任を務めることになった，T2＝入試判定会議において，定員内不合格の方針に対し，反対意見を強く表明したが，却下された，T3＝自身と近い考えにあった同僚が自死した．

なければよかった」等の暴言を吐かれ，翌週から約半年間の病気休暇を取得．11月30日に復職するも，およそ2週間後の12月16日に死亡していた．因果関係は定かでないが，自死直前には，数名の女子生徒に囲まれて，「死ね」，「キモイ」，「学校に来るな」等の暴言を矢継ぎ早に浴びせられたことがあったとされていた．

　最後に，T電力社員，Fのケースについて概要を確認していく（表4-3）．

　この事例では，先の2事例とは異なり「ノルマを達成できなかった」が先行して確認されていた．その後，I課長が就任して以降，叱責を繰り返し受けるようになり「人間関係上の問題」が常態化している．一方で，死亡直前において短期間のうちに両方が経験されるということは，これまでの2事例

116　第Ⅱ部　過労自死に特有の原因条件の分析

表 4-3　F の事例における各原因条件の発生時期

年月	1982 年	1997 年	1998 年					
	4 月	8 月	7 月	8 月	9 月	10 月	11 月	12 月
N	入社	●	○	○	○	○	○	○
R			●	○	○	○	○	○
L								
その他		異動	T1					

年月	1999 年										
	1 月	2 月	3 月	4 月	5 月	6 月	7 月	8 月	9 月	10 月	11 月
N	○	○	○	○	○	○	○	○	○	○	○
R	○	○	○	○	○	○	○	○	○	●	○
L								●	●	●	
その他								昇進			死亡

●＝判例中に具体的な出来事の記述あり，○＝判例中に具体的な出来事の記述は
ないが，当該の原因条件が継続して存在していたと推認される．T1＝高圧的な上
司に変わった．

同様に本事例でも確認された．

　具体的には，F は 1997 年 8 月にそれまでの技術畑から予算編成等を担当
する部門（燃料グループ）へと配置転換され，不慣れな事務作業に従事する
ようになっていた．その後，1998 年 7 月に I 課長が F の上司として着任す
ると，「いてもいなくても同じだ」といった叱責を受けるようになり，精神
的に追い詰められていく．1999 年 8 月，主任に昇格すると，それ以降毎月
80 時間を超える時間外労働に従事するようになり，死亡直前の 10 月末頃に
は「結婚指輪」を外すようにといった合理性を欠いた注意を受けていた．

　以上にみてきた 3 事例のプロセスをまとめると，「ノルマを達成できな
かった」と「人間関係上の問題」のどちらが先行し，どちらが随伴するかと
いう時系列的な発生順序については明確な傾向性を見出しにくいものの，ど

表4-4　ＮとＲの複合事例（10件）における各原因条件の発生時期

発生時期	6カ月前	5カ月前	4カ月前	3カ月前	2カ月前	1カ月前	死亡
事例1	R	R	R	R	R　N	R	死亡
事例2				N	N　R	N　R	
事例3	N　R	N　R	N　R	N　R	N　R	N　R	
事例4	N　R	N　R	N　R	N　R	N　R	N　R	
事例5	N		N	N		N　R	
事例6	N　R		R	R	R	R	
事例7		R		R　N	R　N	R　N	
事例8		R		R	R	R	
事例9		R		R	R　N	R　N	
事例10	N　R	N　R	N　R	N　R	N　R	N　R	
重複%	40%	40%	30%	50%	70%	90%	

ちらかといえば「人間関係上の問題」が先行する傾向にあることをみてきた．また，死亡前1カ月以内に2つの原因条件が重複して経験されているということは，3事例すべてに共通して確認される点であった．このような傾向は，2つの原因条件が重複した自死事案（10件）すべてを見渡した場合でもおおむねあてはまる．表4-4は，その10事例について，死亡前半年間の出来事を一覧表に整理したものである．

　上述のとおり，「ノルマを達成できなかった」と「人間関係上の問題」の発生順序についてはやはり明確な傾向性を見出しにくいが，相対的に「人間関係上の問題」が先行する傾向にあることが読み取られる．また，死亡時期が近づくにつれ，「ノルマを達成できなかった」と「人間関係上の問題」が重複する割合が高くなっており，ほとんどの事例（90%）で死亡前1カ月以内に2つの原因条件が重複して経験されていることが読み取られる．

118　第Ⅱ部　過労自死に特有の原因条件の分析

　以上の点が本節における主たる知見となるが，ここで「人間関係上の問題」が先行することの理由について検討しておくこととしたい．一般的な因果推論としては，当事者に職務上のミスや落ち度があるために叱責が加えられるという事態が想定されるが，本節で確認してきたところその順序は逆であることが少なくなかった．つまり，「人間関係上の問題」を抱えているゆえに「ノルマを達成できなかった」という事態が生じ，そのことがさらに「人間関係上の問題」を深めるという悪循環が生じていたことをみてきた．

　このような事態が示唆しているのは，過労自死の発生が当事者側の能力等，個人的条件よりも，環境条件によるところが大きいということであるだろう．前掲，大野（2003）は「代替のきかない状況」が蔓延し，会社内から助け合う余裕が失われつつあることに過労自死の背景を見出していたが，たとえばＺ検査サービス株式会社の事例では，Ｄが異動した当初より厳しい要求と社長らからの叱責が加えられており，当事者を追い込むような状況はＤが着任する以前から存在していたことが推察される．

　また，ほとんどの事例で死亡直前に２つの原因条件が重なっていたことは，これらの原因条件の組み合わせが過労自死に対して強い影響力をもつことの証左といえるだろう．とくに，前掲３事例からは，叱責等，「人間関係上の問題」がより決定的な影響を与えていることが示唆されていた．もっとも，本節は原因条件が経験されるプロセスのみに焦点を定めていたため，その具体的な影響力についてはあえて詳しくは言及してこなかった．そこで，次節では，本節にみたプロセスを念頭に置きながら，原因条件の重複が自死に作用を及ぼすメカニズムについて検討していくこととしたい．

第3節　原因条件の重複により生じる心理的影響

1　本節の課題

　本節では，これまで注目してきた「ノルマを達成できなかった」と「人間関係上の問題」という原因条件の重複が，なぜ過労自死への傾向を生みだす

のかという点について検討していく．この作業の必要性をいま一度確認しておくと，まず第3章に示した質的比較分析の結果は，「ノルマの未達成」が過労自死を特徴づけるもっとも基礎的な原因条件であることを示していた．しかし，この原因条件のみで過労自死が生じているケースは少なく（2件のみ），この条件単独を過労自死の特徴ととらえることは適切ではなかった．すなわち，「ノルマを達成できなかった」という原因条件が存在するケースの大半は，「人間関係上の問題」と重複しており，それによってより多くの過労自死が生じていたことがポイントである．「人間関係上の問題」を含むケースは過労自死のみではなく，過労死においても存在していたが，この原因条件が「ノルマを達成できなかった」と重なるときには，非常に高い割合（約9割）で過労自死へと帰結していた．約言すると，「ノルマを達成できなかった」と「人間関係上の問題」という原因条件は，重複することによってはじめて過労死ではなく，過労自死への明確な傾向を生じさせていたのである．

　ただ，質的比較分析の結果は，なぜこれら2つの原因条件の重複がそのような傾向を生じさせるのかという因果関係についてはなにも明らかにしていない．それは，一般的な相関関係の分析が変数間の共変動を明らかにするのみであり，直接には因果関係の説明をしないことと同様の問題である．とりわけ，ここで問題としている自死者の心理的側面を追究するにあたっては，事例に基づく質的な検討・解釈が必須であるものと考えられる．以上を踏まえ，本節では事例の解釈を通じて，2つの原因条件の重複が自死へと結びつくメカニズムについて検討していく．

2　理論的枠組み

　ここで，事例をよりミクロな観点から検討していくにあたっての理論的枠組みを整理しておくことにしたい．これまで，本書では社会学分野の先行研究を中心にみてきたが，当事者の心理的側面，自死念慮の生成に関しては，当然ながら精神医学や心理学の分野においてより多くの研究が蓄積されている．

120 第Ⅱ部 過労自死に特有の原因条件の分析

　たとえば，近年，自死行動のモデルを簡潔に表したものとして，T. E. Joiner et al.（2009＝2011）が提唱する「自殺の対人関係理論」が注目を集めている．この理論は，「なぜ人は自死するのか」という疑問に対する包括的で実証的な回答として提唱されたものであり，自死行動を「自殺願望」（suicidal desire）と「自殺潜在能力」（acquired capability）という2つの条件から説明するものである．本節は，「ノルマの未達成」と「人間関係上の問題」という原因条件の重複により生じる心理的影響，つまりなぜ「自殺願望」が生じるのかを明らかにすることが目的であるため，ここでは前者（「自殺願望」）に関するJoinerらの議論に焦点を定めて概要を確認しておくこととする[5]．

　まず，Joinerらは，「自殺願望」が「負担感の知覚」（perceived burdensomeness），「所属感の減弱」（failed belongingness）という2種類の心理状態によって構成されることを指摘する．ここで「負担感の知覚」とは，何らかの物事を「させられている」，「負担させられている」といった認識のことを指しているのではなく，自分がいることで家族や友人，社会に迷惑がかかっており，自分の存在が他者の負担になっているという認識のことを指す（Joiner et al. 2009＝2011: 6-7）．これは自尊感情の著しい低下と結びついた心理状態であり（Joiner et al. 2009＝2011: 6-7），「自分は役に立たない存在

---

5)　後者の「自殺潜在能力」とは，過去の特定の経験（自死企図歴，薬物使用，自傷行為等）を通じて，死や自傷に対する痛み，恐怖に慣れ，致命的な自傷行為を実行できる能力が身につくということを指す．複数回の外科手術や幼少期の虐待経験，入れ墨やピアス等も「自殺潜在能力」を高める要因とされている（Joiner et al. 2009＝2011: 90）．こうした「自傷行為の繰り返しがエスカレートして死に至ったように見えるケースも少なくない」ことは日本の臨床の場からも指摘されている（河西 2009: 14）．実は，Joinerらの「自殺の対人関係理論」は，この「自殺潜在能力」が，自死する者としない者を分ける条件となっていることを主張するものであり，そこに本理論の重要なインプリケーションがある．しかし，上記のとおり，ここでは2つの原因条件が引き起こす心理的影響に注目しているため詳細には触れないこととした．また，「自殺願望」と自死念慮（自殺念慮）という概念については，ここでは区別せずに用いている．

である」といった，無能力感の確信と換言することが可能な心理状態といえよう．

他方，「所属感の減弱」とは，孤独感や疎外感といった言葉とほぼ同義であるとされ，家族，友人，仲間の輪などから疎外されているという認識のことを指す（Joiner et al. 2009＝2011: 6-7）．重要なことは，集団から孤立する（と認識する）ことにより存在意義を見失うという点であり，Durkheimの「自己本位的自殺」に通ずる視点といえるだろう．

Joiner らは，これら2つの要素が同時に体験されること，つまり「彼らが自分自身の他者に対する心遣いが重要でなくむしろ害を及ぼすとさえ感じ，彼ら自身も気遣われていないと感じた時，それが命にとって重要なつながりのすべてを断ち切り，その結果，死への願望が生じると自殺の対人関係理論は提唱する」と述べている（Joiner et al. 2009＝2011: 7）．

なお，「負担感の知覚」と「所属感の減弱」を促す具体的な出来事としては，離婚や愛する人との死別，失業（Joiner et al. 2009＝2011: 90），そして，職場・学校でのいじめ被害やパワーハラスメント等が挙げられている（松本 2015: 5）．

このような「自殺願望」を構成する心理状態については，Joiner らによる議論のほかにも多数の論者からさまざまな議論が展開されているが，それらは根幹において多くの共通点を有している．

たとえば，「自殺学」（suicidology）の始祖であり，世界的に著名な自死研究者，E. S. Shneidman は，自死者に共通した心理的特徴として，耐え難い心の痛み（精神的苦痛），望みも救いもないという思い，視野の狭窄等の存在を指摘し，自死をそうした状況から逃れるための手段（解決のための手段）としてとらえていた（Shneidman 1985＝1993: 182-222, 260-1）．これらのうちの，望みも救いもないという思いは，圧倒的な孤独感と深くかかわるものであるとされており，「自殺の対人関係理論」における「所属感の減弱」に近似する感情ととらえることができる．

また，アメリカの精神科医である S. C. Shea は，自死のリスクを高める要因として，自死企図経験，アルコール乱用，意味体系の欠如，敵対的な人間

122 第Ⅱ部 過労自死に特有の原因条件の分析

関係環境，他者に迷惑をかけたくないという思いなどを挙げる（Shea 1999
＝2012: 96-137）．このうち，意味体系とは宗教的な信仰や家族に対する愛
着等を意味している．意味体系の存在は帰属感や連帯感を与えるが，反対に
これらの欠如は Joiner らのいう「所属感の減弱」と同様の心理状態を生成
させるものと考えられる．また，他者に迷惑をかけたくないという思いにつ
いては，まさしく「負担感の知覚」と一致するものとみなすことができるだ
ろう．

　同じく精神科医であり，日本における自死研究の第一人者である高橋祥友
も自死に追い込まれる人物に共通する心理として，極度の孤立感，無価値
感，強度の怒りなどを挙げている（高橋 2007: 20-33）．無価値感とは，「自
分は生きるに値しない人間だ」，「自分など死んでしまった方が皆幸せだ」と
いった認識のことをいい，これは Joiner らが指摘する「負担感の知覚」と
同一の性質をもった感情であると考えられる．

　以上にみてきた「自殺願望」を高める心理的状態およびリスク要因を，
Joiner らが指摘した「負担感の知覚」，「所属感の減弱」という 2 つの視点に
分けて整理すると表 4-5 のようになる．このように整理すると，Joiner らの
「自殺願望」に関する議論は，他の先行研究とも共通するところがあり一定

表 4-5　先行研究で指摘されている「自殺願望」を高める代表的なリスク要因

「負担感の知覚」	・他人に迷惑をかけたくないという思い ・無価値感	
「所属感の減弱」	・意味体系の欠如 ・極度の孤立感 ・望みも救いもないという思い	
その他	・自死企図経験 ・敵対的な人間関係環境 ・耐え難い心の痛み（精神的苦痛）	・アルコール乱用 ・強度の怒り ・視野の狭窄

T. E. Joiner et al（2009＝2011）; S. C. Shea（1999＝2012）; E. S. Shneidman（1985＝1993）; 高
橋祥友（2007）をもとに作成

第4章　2つの原因条件が経験されるプロセスと心理的影響（事例分析Ⅰ）　123

の妥当性を有したものであることが理解されるだろう.

　一方で, 人が自死する理由は, 上記に挙げた心理的な要因や環境要因では説明できないとする議論もある. その代表的なものとしては, たとえば精神科医の張賢徳が提唱する「解離仮説」が挙げられる（張 2010: 149-56）.

　この「解離仮説」において, 自死行動とは理性的な動機のもとで遂行されるものではなく, ほとんど無意識的で病理的な, 自死することしか頭にない状態（解離状態）において実行されるものとしてとらえられる. 解離状態になると自己の認識の領域外で思考や行動が起こり, 自己のコントロールを喪失した状態に陥る（張 2010: 153）. 張は, 自死行動の最終段階においては個人の意志が存在していない可能性があることを指摘し, それがうつ病患者の自死においてよりいっそう強くあてはまることを指摘している（張 2010: 154-5）. こうした自死における解離状態の存在は, スウェーデンの精神科医である J. Beskow によっても支持されており, 解離状態ではほぼ自動的（automatically）に自死が実行されることが指摘されている（Beskow 2010: 47）.

　自死行動を非論理的で病理的なものととらえる「解離仮説」という立場からすると, 自死に至るプロセスや当事者の心理を理解することは, 不可能な試みであるように思われるかもしれない. しかし, 「解離仮説」はあくまで自死に至る「最終段階」での議論であり, 自死が段階的なプロセスを経て発生するものであることはむしろ議論の前提として肯定されている（張 2010: 143）. また, そのプロセスにおける当事者の心理については, 必ずしも病理的なものと言い切れないことが指摘されており（北中 2009: 31）, 「最終段階」以前の心理を検討することは可能かつ必要な取り組みであると考えられる[6].

　以上, 「自殺の対人関係理論」を中心として「自殺願望」生成に関する精神医学分野の研究を概観してきた. 以下ではこの理論において指摘されていた, 「負担感の知覚」と「所属感の減弱」という2つの心理状態に注目しながら, 2つの原因条件（「ノルマの未達成」と「人間関係上の問題」）の重複が自死に結びつくまでのメカニズムを検討していくこととしたい.

124　第Ⅱ部　過労自死に特有の原因条件の分析

　なお補足しておくと，以下の作業の目的は自死の発生に関する未知の知見を「発見」するというものではない．「ノルマを達成できなかった」と「人間関係上の問題」という原因条件が重複することで過労死ではなく過労自死への傾向が生じること，ならびに，「負担感の知覚」と「所属感の減弱」という2つの心理状態が「自殺願望」を生じさせるということは既知の知見であり，本書でとりあげている事例においても当然これらが相互に関連しつつ自死が生じているものと予想される．問題は，この予想が理論的な仮説段階のものであり，実際に2つの原因条件が2つの心理状態を誘起していたか，またそれによって自死へと帰結していたと推認できるかが確かめられていないことにある．そのため以下の議論では，これらの点について事例を振り返りつつ，2つの原因条件が重なることにより自死が生じることの蓋然性を検証していく．

3　事例の検討

　はじめに，Z検査サービス株式会社社員Dの事例について検討していくこととしたい．まず本事例の主要な出来事としては，①2004年4月の異動後にはじまった「人間関係上の問題」，②2005年4月昇格後の「ノルマの未達成」，③同年10月の「人間関係上の問題」，④死亡直前の「ノルマの未達成」と「人間関係上の問題」があった．

　このうち，①の「人間関係上の問題」とは，Dがプロジェクト室長に就

---

　6)　精神障害に罹患した者の思考を病的なものととらえるのか一定程度正常な思考ととらえるのかという点について，たとえば精神科医の西園昌久は「執着性格にしても，メランコリー型人間にしても，その当時の社会の秩序あるいは推奨される価値観を取り入れて特徴ある性格をつくりだしている」（西園 2009: 14）と述べ，当事者の思考に社会の「時代精神」が影響することを指摘している．また，阿部隆明も，うつ病に罹患した者に共通して見受けられる罪責感が社会文化や個人に依存し，「世俗的な義務の不履行」が問題となり生じることを指摘している（阿部 2005: 40）．これらの指摘からも，自死者の生前の思考は必ずしもすべてが狭窄した病的な認識ととらえなければならないものではないと考えられる．

任した後，売上拡大を目指す社長，常務らから受けていた叱責を指す．当時のDの様子については判例中に記載が少なく，詳しい心理的影響を読み取ることはできないが，この頃のDは部下との関係にも問題を抱え，孤立しがちであったことが指摘されていた．つまり，当時のDは，新任の室長として職務を抱えながら上司・部下ともに頼ることのできない状況におかれていたのである．このことを踏まえると，①の出来事（社長らからの叱責）は，主にDの「所属感の減弱」を促していたものと推察される．

　次に，②の「ノルマの未達成」とは，Dが策定した将来戦略が承認されず，自身の考えと異なる実現困難な計画策定を求められたこと，および取引先で相次いで生じたトラブルに十分な対処ができなかったというものであった．後者の件にかかわり，Dは他部署からクレームを受け対応に苦慮していたことが指摘されており，この出来事により「人間関係上の問題」も同時に抱え込むこととなったものと考えられる．これらの出来事は，Dの心理状態にどのような影響を及ぼしていたのだろうか．先行研究では職場でのいじめやパワーハラスメントは「負担感の知覚」と「所属感の減弱」の両方を促すと指摘されていた．ここでの出来事が，いじめやパワーハラスメントというべきものか判断は難しいが，自身の提案が却下されること，部署責任者として十分な対処ができずクレームを受けるという経験は，主としてDの自尊感情を低下させ「負担感の知覚」を促したものと考えられる．出来事との対応関係は定かではないものの，Dの遺書に「部下を見下し，自分の意見が常に正しいとする，社長，常務，そして部長　もう付いて行くことは出来ません」，「仕事で悩み，上司に悩み，疲れました．自分の力の無さをつくづく痛感したのも事実です．自分に自信が持てなくなりました」（傍点筆者，以下同様）と記述されていたことが想起される．

　続いて，③の「人間関係上の問題」は，検査業務で生じたミスに関するDの発言が責任転嫁と受け取られ，社長や常務，部長らから注意を受けたというものである．Dはその前後，「話をしても聞いてもらえない」，「そんなつもりはなかった」，「辞めたい」，「営業とうまくいかない」等と涙ながらに職場における孤立や，周囲との認識のずれを訴えており，この出来事（人

間関係上の問題）から「所属感の減弱」を相当に深めていたことが推察される．また，Dはその頃から，妻に対して「会社にいると遺書が書きたくてたまらなくなる」と述べ，実際に遺書を作成するなど，「自殺願望」をうかがわせる言動を見せるようになっていた．遺書には「検査プロジェクト室の室長として支援なく戦うことは，死地に追い込まれた気持ちで一杯です」という記述が残されており，Dが孤立した状況のもとで「自殺願望」を抱くまでに追い詰められていたことが推察される．

　以上のような経緯を辿りながら，Dは最後に，④「ノルマの未達成」と「人間関係上の問題」を短期間のうちに経験し，自死に至ったと考えられる．ここでの「ノルマの未達成」とは，業務に必要な検査員を確保できなかったことであり，本件にかかわりDは営業部事務所長から抗議を受けていた．また，「人間関係上の問題」としては，新年会の席上で居眠りをし，終了後に常務から叱責を受けていたことが記録されていた．ここでの叱責がどのような内容のものであったのかは不明であるが，Dの遺書には「常務殿　パワハラの言葉をお存知ですか　神経がおかしくなります」との記述が残されており，少なくともDにとっては常務からの叱責が強い精神的ダメージとなり，自尊感情を貶めていたことと推察される．すでに「自殺願望」を抱えるまでに追い詰められていたDにとっては，最後の追い打ちとなる出来事であったものと考えられる．なお，Dは死亡当日に，見積もりの確認ミスについて社内会議で報告することとなっていた．当然ながらDはその場において厳しい追及・叱責を受けることを予想していたものと推察され，このタイミングでの自死には，その追及・叱責を回避するという意味があったものと考えられる．

　以上のように，本事例においては，「ノルマの未達成」と「人間関係上の問題」がそれぞれ「負担感の知覚」と「所属感の減弱」を促していたであろうことが確認された．これにより，2つの原因条件が自死を招来することの蓋然性について確認することができたものと考えられる．

　続いて，X県公立学校教諭，Eの事例についてみていくこととしたい．本事例における主要な出来事としては，①1999年4月以降の「人間関係上の

問題」，②2000年4月以降の「人間関係上の問題」と「ノルマの未達成」，③2001年5月の「人間関係上の問題」と休職，④同年11月復職後の「人間関係上の問題」があった．

このうち，①の「人間関係上の問題」とは，EがW高校に赴任した直後から始まった生徒からの暴言および教員集団のなかでの孤立を指す．すなわち，EはW高校赴任直後より生徒らから暴言を浴びせられていた．またEは新設校という特殊な職場環境のもとで対立する2つの教員集団のどちらにも属さず，孤立した状況におかれていたことが確認されていた．そのため，Eは赴任した初期の段階から所属感を構築することができず，日を追うごとに孤独感を深めていたことと推察される．とはいえ，その心理的影響については，Eに「自殺願望」を抱かせるほどのものではなかったと思われる．

問題が深刻化するのは赴任2年目以降，クラス担任を受け持つようになってからである．それが，②に該当する出来事であり，Eは1年生のクラス担任を受け持つことになって以降，生徒らから「うるさい」，「うざい」，「死ね」，「キモい」，「学校来るな」，「担任かわれ」等の暴言を日常的に浴びせられるようになっていた．このような「人間関係上の問題」は，Eの自尊感情を低下させ，「負担感の知覚」を促すことに作用していたものと考えられる．

また，そうした授業妨害や暴言の結果として，Eは正常なクラス運営をできない状況，つまり「ノルマを達成できない」状況にも直面していた．当時17年の勤務経験を有していたEにとって，このような事態がいかに教師としての自信を削ぐ（「負担感の知覚」を促す）ものであったかは想像に難くない．そのことはまた，教員集団における役割の不履行として，「所属感の減弱」を促していた可能性もあるだろう．なお，Eは自分の授業内での問題を生徒指導部へ報告せず，個人的に対処していたとされるが，これはW高校における基本的な指導方針との不一致・不信感からの行動であったと推察される（年度末の入試判定会議では校長らの示した方針に対して，明確な反対意見を表明したこともあったが，Eの意見が採用されることはなかった）．

Eは翌年度（2001年度），2年生のクラスを担任することとなったが状況は改善されず，むしろ生徒らからの暴言は前年度に増して酷いものとなって

いた. 判例によると，E に対して「お前が黙れ」，「帰れ」，「消えろ」，「キモい」，「死ね」等の暴言が浴びせられ，胸ぐらをつかみ詰め寄る生徒も現れるようになったとされていた. こうした出来事は，すでに低下していた E の自尊感情や「負担感の知覚」をよりいっそう悪化させたものと考えられる. そして，新年度開始からおよそひと月後の5月，数名の生徒に「お前なんか死んでしまえ」，「担任でなければよかった」等の暴言を浴びせられた E は，その翌週から有給休暇を取得し約半年間の病気休暇を取得することとなっていた. 以上が，③に該当する出来事である. 生徒らの暴言と E が病気休暇を取得した時間的前後関係を踏まえると，言葉による攻撃（人間関係上の問題）が，いかに深刻な影響を与えるものであるかがわかる.

その後，E が職場に復帰することとなったのは，同年11月末であった. 職場復帰にあたり，E は担任を外れ，副担任となっていたが，生徒からの暴言や反抗的態度はあいかわらず繰り返されていたことが判例に記されていた. これが④に該当する出来事（人間関係上の問題）である. 翌月（12月）に入り，数名の女子生徒から，「死ね」，「キモイ」，「学校に来るな」といった暴言を浴びせられた E は，それから間もなく（12月15日）に自死に至った. 本事例においては，E の発言や遺書の内容についての記録が少なく，心境については不明の部分も多いが，前節でも指摘したように，休職や自死といった重大な出来事の直前には決まって生徒からの暴言が確認されていた. したがって，「人間関係上の問題」が「負担感の知覚」と「所属感の減弱」を促す作用をしていたことは疑いようがないものと考えられ，さらにはこの原因条件が直接的な自死のトリガーになっていた可能性を読み取ることもできるだろう.

以上のように，本事例においても，「ノルマの未達成」と「人間関係上の問題」が「負担感の知覚」と「所属感の減弱」を促していたであろうことが確認された. D の事例と同様に，本事例においても2つの原因条件が自死を招来することの蓋然性について確認することができたものと考えられる.

最後に，T 電力社員 F の事例について検討していくこととしたい. 本事例の主要な出来事としては，① 1997年8月の配置転換後の「ノルマの未達

成」，②1998年7月の新しい上司着任後の「人間関係上の問題」，③1999年10月の「人間関係上の問題」があった．

　まず，①の「ノルマの未達成」とは，Fが配置転換後に割り当てられた業務を順調に遂行することができていなかったという事態を指す．詳しく確認すると，Fは入社以来一貫して現場の技術職として働いていた．しかし，この時の配置転換により不慣れなデスクワーク中心の業務に従事することとなり，以降，担当業務を要領よくこなすことができない状況が常態となっていた（人事評定でもきわめて低く評価されていた）．このような労働状況に対して，Fは自尊感情を低下させ「負担感の知覚」を促されていたものと推察され，判例にも，「まじめで責任感が強いといったFの性格に照らせば，Fが上記のような自らの業務上の問題点や自己に対する会社の評価等について無自覚であったとは考えにくく，むしろ，Fは，自責感を覚え，かつ，自信を喪失していたものと推認することができる」との判断が示されている．加えて，配置転換後思うように仕事を進めることができないという状況は，Fに，周囲に対する恥の感覚を知覚させていたものと考えられ，「所属感の減弱」も並行して経験していたものと推察される．

　こうした状況は，翌年IがFの上司（課長）として着任して以降，さらに悪化することとなる．I課長は「大きな声で直接的な話し方をする人物」と評され，F以外の課員に対しても厳しかったが，Iから低く評価されていたFにはとくに厳しい「指導」が向けられていた．これが②に該当する出来事である．その「指導」が業務上適切なものであったか，ハラスメントというべきものであったかは判断が難しいものの，Fが「おまえなんか，いてもいなくても同じだと言われた」と漏らしていたことを踏まえると，少なくとも部分的にはハラスメントというべきものが含まれていたと推察される．上述のように，職場でのいじめやパワーハラスメントが「負担感の知覚」と「所属感の減弱」を促すことは先行研究において指摘されており，Fの自死を検討するうえで，Iからの「指導」は重要なファクターになっていたものと考えられる．

　③の「人間関係上の問題」も同じくI課長の「指導」にかかわるものであ

る．すなわち，1998 年 8 月に環境設備課の主任に昇格した F は，月に
86〜117 時間の時間外労働に従事するようになっていたが，I 課長からの評
価はあいかわらず低く，引き続き「指導」を受けていた．たとえば，I は F
が主任に昇格した際，「主任としての心構え」と題する文書を提出させてい
た．その内容は，「常に上長や同僚の目を意識し，恥ずかしくないような業
務の取組方をする」や，「自分の業務と各担当の業務，どれが欠けても自分
の責任であると意識する」といった，それまでの F の仕事への姿勢を自己
否定させるようなものとなっていた．この文書は，I の細かな指示のもと，
修正を加えながら作成されたという経緯があり，当該文書の作成を通じた自
己否定の強制（刷り込み）ともいうべき事態を読み取ることができる．な
お，本件について，判例には「効果的な指導方法であったとは認められない
ばかりか，内容面についても，主任昇格者に対するきょう持や生活信条を不
用意に傷つけかねない危険をはらんでいるものであると認められる．した
がって，F のように業務遂行上の問題を抱えており，仕事に対する自信を喪
失した者にとっては，かえって心理的重圧を与えるだけの結果になりかねな
いものと認められる」との判断が示されている．この出来事により F が
「負担感の知覚」を深めていたことはまず間違いないと考えられる．

　また，同年 10 月末頃，I は業務の進め方等について F と面談する機会を
設け，その際，F の集中力低下の原因が結婚指輪を身に着けていることにあ
るのではないかと指摘し，勤務中は結婚指輪を外すよう指示していた．いう
までもなくこのような「指導」は業務上適切なものではなく，判例にも「合
理的な理由に基づくものではなく，しかも F に対する配慮を欠いた極めて
不適切な内容の発言であったといわざるを得ない」，「結婚指輪に関する I の
発言が，F に対し強い心理的負荷を及ぼし，既に発症していたうつ病を増悪
させたものと認められる」との判断が示されている．実際，F はそれから間
もなく 11 月 5 日に死亡しており，本事例においてもこうした「人間関係上
の問題」が自死の直接的なトリガーになっていた可能性を読み取ることがで
きる．

第4章　2つの原因条件が経験されるプロセスと心理的影響（事例分析Ⅰ）　131

4　事例検討のまとめ

　本節では「ノルマの未達成」と「人間関係上の問題」という原因条件の重複が，なぜ過労自死への傾向を生みだすのかという点について，「自殺の対人関係理論」を枠組みとして検討してきた．ここで改めて要点を整理しておくこととしたい．まず，上記の問いに対して，2つの原因条件が，それぞれ「負担感の知覚」と「所属感の減弱」という心理状態を生成させ，それにより自死への傾向が生じるということを確認してきた．「負担感の知覚」と「所属感の減弱」は，「自殺の対人関係理論」において「自殺願望」を構成する要素としてとらえられており，これらが同時に存在することで自死を招来する可能性が高まると考えられている．本節でとりあげた3事例においては，すべての事例でこれらの心理状態が存在していたものと考えられ，それが2つの原因条件（出来事）と密接に結びついて生じていたであろうことを確認してきた．これにより，質的比較分析により導かれた2つの原因条件が，自死への傾向を生みだすことの蓋然性を検証することができたものと考えられる．

　ただ，2つの原因条件がそれぞれ「負担感の知覚」と「所属感の減弱」を生成させるということは，原因条件はどちらかひとつであっても自死を引き起こす十分な条件になりうるということを意味する．現実に生じている自死の多様性を踏まえると，そうした可能性は否定できないものの，質的比較分析により導かれた結果のオリジナリティ，すなわち，2つの原因条件の重複によって生じる自死への影響力に焦点を定めた場合，どのような整理が可能であるだろうか．

　明らかなことは，2つの原因条件は繰り返し経験されるなかで相互に当事者の否定的な自己認識を強化させていたということである．それは，典型的には「ノルマを達成できなかった」（N）という出来事により生じた否定的な自己認識が，「人間関係上の問題」（R）という他者からの否定的な評価によって，より確信的なものへと強化される事態を指す[7]．

　たとえば，Z検査サービス株式会社社員Dは，突発的なトラブルや課せ

132　第Ⅱ部　過労自死に特有の原因条件の分析

られた職務を遂行することができず，常務らからの叱責やクレームを繰り返し受けることで，自らが無能であるという認識を強固なものにさせていた．いま一度Dの遺書の記述を引用しておくと，そこには「仕事で悩み，上司に悩み，疲れました．自分の力の無さをつくづく痛感したのも事実です．自分に自信が持てなくなりました」という記述が残されていた．ここからは「仕事で悩み」（N）→「上司に悩み」（R）という原因条件の重複を経て，否定的な自己認識を確信（「痛感」）させられるという事態を読み取ることができる．

　同様の事態は，T電力社員Fの事例においても確認されていた．すなわち，Fの事例では，異動後思うように仕事を進められず「自責感を覚え，かつ，自信を喪失」していたところに，上司（I課長）からの「指導」が繰り返し加えられることによって，否定的な自己認識が強化されていた．裁判所の判断にも示されていたように，「ノルマを達成できなかった」場合，当事者はまず能力のなさを自覚し自信を喪失する．そうした状態であるからこそ，そこに加えられる他者からの否定的評価は，当事者の否定的な自己評価を確信的なものへと強化してしまうものと考えられる．

　また，一連のプロセスのなかでは，「人間関係上の問題」により生じた否定的な自己評価が，「ノルマを達成できなかった」という出来事により強化されるという事態も生じうる．たとえば，X県公立学校教諭Eの事例では，担任としてクラスを受け持って以降「担任かわれ」や「死ね」等の暴言を浴びせられつつも懸命に生徒指導に取り組んでいたが，結果的にEは正常なクラス運営ができない状況に陥っていた．そのときのEの心理としては，少なからず自らの指導能力のなさがクラス運営の困難を招いたとして，否定的な自己評価を強めていたことと推察される．

---

7)　ここで否定的な自己認識とは，「負担感の知覚」と「所属感の減弱」の両方を総称したものとして用いている．これは，より端的には自らに能力がないという認識，無能力感と置き換えても差し支えないだろう．自らに能力がないという認識があるからこそ，周囲に負担をかけるのみという「負担感の知覚」が生じ，同じく「所属感の減弱」という心理状態が生じると考えられるからである．

このように，２つの原因条件が経験される順序についてはさまざまな組み合わせが想定されるものの，いずれにせよ２つの原因条件が互いに否定的な自己認識を強化すること，そして，最終的に「人間関係上の問題」が決定的な精神的ダメージを及ぼし自死へと帰結していたと推察されることは，３事例すべてに確認される事態であった．

こうした，否定的な自己評価と他者評価が，繰り返し経験されるなかで強化されていくというプロセスを，やや異なる視点から一般化すると，それは「スティグマ」（Goffman 1963＝2012）を植えつけられるプロセスとしてとらえることができるだろう．

E. Goffman により提唱された「スティグマ」とは，当人にとって望ましくない，負のレッテル（烙印）というべきものであり（Goffman 1963＝2012: 13-8），その本質は，「過剰に内在化された他者のまなざしによって，自分自身を差別や偏見の対象として見いだしてしまうこと」にある（村澤ほか 2012: 74）．スティグマは，孤立感や劣等感，自己否定感等のネガティブな感情を招来し，当事者は他者からの視線にとらわれることで，その思考から抜け出せなくなる．これは，本節にみてきた過労自死者が辿ったプロセスと整合的であり，たとえば，Z 検査サービス株式会社社員 D の遺書には，繰り返される叱責が「思考能力を悪い方に変え」，「自分の力の無さをつくづく痛感」した，との記述が残されていたことが思い出される．ここには，D が他者からの否定的な評価を内在化させ，その否定的な自己像（無能力感）から逃れられない状況に陥っていたということを明確に読み取ることができる．

なお，一般的にスティグマを抱えた当事者が取りうる対処法としては，パッシング（passing）やカヴァリング（covering）と呼ばれる他者に対する情報の管理・操作（Goffman 1963＝2012: 81, 126-7, 173）や，否定される場面の回避（村澤ほか 2012: 74）といった方法が挙げられる．しかし，少なくともこれまでにとりあげてきた過労自死の事例において，これらは有効な対処法となりえなかった．なぜなら，彼らは職場という閉鎖的な環境における密接なかかわりのなかで「人間関係上の問題」を抱えていたのであり，

134 第Ⅱ部 過労自死に特有の原因条件の分析

そこに情報の管理・操作等を行える余地はなかったからである．また，彼らが仕事を辞められず，「代替のきかない状況」で職務に従事していたことは第2章，および事例を通じてみてきたとおりであり，否定される場面を回避するという対処法も，事実上取ることのできない選択肢となっていた．

　以上のように，本章でとりあげた過労自死者の辿ったプロセスは，逃げ場のない状況下でスティグマを植えつけられるプロセス（他者からの否定的な評価を内在化させられるプロセス）として理解することが可能であると考えられる．こうした観点からとらえると，過労自死とは否定的な自己評価（スティグマ感）による苦悩から逃れるために残された唯一の手段（Shneidman 1985＝1993）として実行されたものと理解することができるだろう[8]．

おわりに

　本章では，第3章で行った質的比較分析の結果を踏まえ，1）原因条件が当事者に経験されるプロセス，2）原因条件が結果に与える心理的影響について，3つの事例を参照しつつ検討してきた．

　結果の要点を振り返っておくと，まず，1）原因条件が当事者に経験されるプロセスについては，第2節にて検討を行った．その結果，①「ノルマを達成できなかった」と「人間関係上の問題」のどちらが先行し，どちらが随

---

8)　自死が否定的な自己評価による苦悩から逃れるための「唯一の手段」であったかどうか，つまり客観的にみて合理的な解決方法であったかどうかについてはより慎重な検討が必要である．自死が心理的な視野狭窄状態で生じることはShneidman（1985＝1993）をはじめ多くの論者によっても指摘されており，業務に起因した精神疾患による自死であるからこそ労災として認定されていたのである．ただ，上述のとおり自死者の心理については，必ずしも病理的なものと言い切れないことが指摘されており（北中 2009: 31），これまでにみてきた状況と当事者の認識（意味世界）の相互作用が完全に病的な思考，あるいはまったく論理的に破たんしたものであったとも考えにくい．過労自死者の遺族からは当時の状況を振り返り，「どうしようもなかった」という声も少なからず聞かれ（大野 2003: 76-9），第三者からみても現実的な解決策を見出しにくい状況が存在していたことが理解される．

第4章 2つの原因条件が経験されるプロセスと心理的影響（事例分析Ⅰ） 135

伴するかという時系列的な発生順序については明確な傾向性を見出しにくいが，相対的に「人間関係上の問題」が先行する場合が多いこと，②死亡時期が近づくにつれ，「ノルマを達成できなかった」と「人間関係上の問題」が重複する割合が高くなり，ほとんどの事案で死亡前1カ月以内に2つの原因条件が重複して経験されていることを確認してきた．

　次に第3節では，2）原因条件が結果へ与える具体的な影響について，「自殺の対人関係理論」を枠組みとして参照しつつ事例を検討し，①2つの原因条件が，「負担感の知覚」と「所属感の減弱」を促し，「自殺願望」を生成させていたこと，②2つの原因条件は，繰り返し経験されることにより相互に当事者の否定的な自己認識を強化させる作用を持つ，ということを確認してきた．それは，スティグマが植えつけられるプロセスとしてとらえることができるものであり，当事者にとって自死が，そうしたスティグマ感による苦悩から逃れるために残された唯一の手段として決行された可能性があることを指摘した．

　以上のように，質的比較分析および事例に基づく本章の考察は，過労自死（過労自殺）に，「働きすぎ」とは異なる理由により生じる側面があることを裏づける．もちろん，前章のおわりにも述べたように，その背景に長時間労働等の過重労働があることは事実であり，これを軽視することはできない．しかし，事例を通じて浮かび上がった過労自死のより直接的な背景は，「ノルマを達成できなかった」と「人間関係上の問題」の繰り返しによる否定的な自己認識の構築（スティグマ化）にあり，少なくとも本章でとりあげた事例において長時間労働等は，ひとまわり間接的な背景であったと考えられる[9]．

　前掲，大野は，過労自死の原因として「長時間労働説はリアリティに欠ける」と指摘していたが（大野 2003: 22），たしかに本書の議論を踏まえると，これまで用いられてきた過労自死（過労自殺）という呼称が，どれほど適切に事態を言い表しているのかという疑問がわく．元来，過労死，過労自死はその用語の創案とともに社会問題として「発見」されてきたという経緯があり（森岡 2013: 16），将来的には，過労自死（過労自殺）という用語に

ついて改めて検討，再定義する必要性があるように思われる．とはいえ，本書の議論はあくまで限られた資料に基づくものであり，現時点で一般性を有した代替案を示すことはできない．まずは，現時点で用いうる資料をもとに探索的な検討を積み重ねておくことが先決であると考えられる．

　そのため，次章（第5章）では，判例以外の事例に対象を拡大して本章の議論を改めて検討していくこととしたい．第5章のねらいは，これまでにみてきた過労自死の特徴，および発生のメカニズムが，判例というセレクション・バイアスを帯びた事例以外にも存在するかを確かめることにある．参照する事例は2つであり，ひとつは本書執筆にあたり筆者が行った自死遺族へのインタビュー記録，もうひとつは2005年に亡くなった男性自死者が遺した手記である．前者は自死に至るまでの経緯と当時の客観的な様子を知ることに有用であり，後者は当事者の主観的な意識，「意味世界」（盛山 2011）をうかがい知るために有効な資料であると考えられる．

---

9)　繰り返しの強調となるが，ここでの議論は長時間労働等の過重労働を軽視するものではない．長時間労働がメンタルヘルスに悪影響を及ぼすことは，厚生労働省が示した精神障害にかかわる労災の認定基準でも認められている（厚生労働省 2011）．また，長時間労働は，単に労働時間の長さのみを表しているわけではなく，課せられていた職務の多さや，困難さ，責任の加重性等を表す客観的な指標としてとらえることが可能であり，そうした厳しい要求が課せられるからこそ「ノルマの未達成」や「人間関係上の問題」といった出来事が生じてくるものと考えられる．ただ，本書が当初から問題としているように，長時間労働や過重労働のみが過労自死の原因であるのならば，過労死と過労自死という異なる結果が生じる理由を説明できない．そのため，本書では過労死と過労自死の比較から過労自死に特有の原因条件を特定し，その結果導かれた2つの原因条件が自死を招来することの蓋然性を検討してきたのである．

第5章　判例以外の事例を用いた検討
（事例分析Ⅱ）

はじめに

　本章の目的は，これまでにみてきた過労自死の特徴，および発生のメカニズムが，判例以外の事例においても存在するか否かを確かめることである．

　前章までにみてきた過労自死の特徴とは，「ノルマを達成できなかった」と「人間関係上の問題」という2つの原因条件の重複であり（過労死と比較した場合の特徴），そのメカニズムとしては，2つの原因条件が繰り返し経験されるなかで，当事者に否定的な自己認識（スティグマ感）を植えつけ，自死へと追い込んでいくということをみてきた．

　上記の知見は，いずれも過労死，過労自死にかかわる判例を資料とした分析から導かれたものである．ここで，本章での検討の必要性を明確にするために，判例を分析対象とすることのメリットとデメリットについて，もう一度確認しておくことにしたい．

　まず，判例を対象とすることのメリットは，通常入手することが難しい自死者に関する情報が，一般に公開された資料として得ることができる点にあった．こんにち，個人情報保護への関心が高まるなかで，自死者に関する詳細な情報を入手することは非常に困難であるが，判例には生活歴や労働状況，遺書の内容等の情報が記されており，貴重な資料として用いることができる．

　一方，デメリットとしては，判例に含まれるセレクション・バイアスの問

138　第Ⅱ部　過労自死に特有の原因条件の分析

題があった（第3章第1節）. たとえば，判例として公開されるのは，過労
死，過労自死にかかわる裁判のうちごく一部の事案であり，公開されるか否
かには裁判所等の判断が含まれている. また，判例では記録として残りにく
い原因条件（人間関係上の問題等）について，部分的にしか反映されない可
能性があることを第3章第1節に述べた. そのため，これまでの議論をただ
ちに一般化してとらえることはできず，判例以外の事例に対象を拡大し，知
見の一般化可能性を検討していく必要がある.

　もっとも，現時点では厳密な意味における知見の一般化可能性を証明する
ことはできない. なぜならば，第1章でも述べたようにこれまでのところ，
過労死，過労自死の発生状況を正確に捕捉する統計がなく，一部の事例を用
いた検討しか行うことができないからである. ただ，この点については，
2014年6月に「過労死等防止対策推進法」が施行されたことにより，将来
的にいくらかの状況改善が見込まれる.「過労死等防止対策推進法」の第8
条に示された条文を以下に引用しておく.

　　　国は，過労死等に関する実態の調査，過労死等の効果的な防止に関す
　　る研究その他の過労死等に関する調査研究並びに過労死等に関する情報
　　の収集，整理，分析及び提供（以下「過労死等に関する調査研究等」と
　　いう.）を行うものとする（過労死等防止対策推進法，第8条）.

　この条文には，過労死，過労自死に関する「統計を整備する」という記述
はなされていないものの，今後は過労死，過労自死の発生状況に関する資
料・統計が蓄積されていくことが期待される[1]. したがって，現時点ではさ
まざまな対象・視点から質的検討を積み重ね，過労自死の発生メカニズムに
関する仮説を構築しておくことに一定の意義があると考えられる.

　本章で参照する事例は2つであり，ひとつは本書執筆にあたり筆者が行っ
た自死遺族へのインタビュー記録，もうひとつは2005年に亡くなった男性
自死者が遺した手記である. 前者は自死に至るまでの経緯や様子を知ること
に有用であるが，当事者の意識の面については情報量が少なく詳細な議論が

できない．その点，後者は自死に至るまでの経緯については詳しく知ることができないが，当事者の主観的な意識，「意味世界」（盛山 2011）については豊富な情報を含んだ資料となる．以下，まずは前者の事例についてみていくこととしたい．

第1節　B大学教員Jの事例

1　インタビュー調査の概要

　はじめにとりあげるのは，2012 年に亡くなった B 大学教員 J の事例である．上述のとおり，本事例に関する資料は筆者が行ったご遺族（以下，T 氏）へのインタビュー記録である．以下にインタビュー調査の概要を提示する．

インタビュー調査の概要
・インタビュイーと実施時期
　本インタビューは，2012 年に亡くなった B 大学教員 J 氏の妻，T 氏に対して，2014 年 6 月，7 月，9 月の計 3 回にわたり実施したものである．

---

1)　年間自死者数は全体で 3 万人前後，過労自死の場合にはさらに少ないことは自明である．そのため，かりに統計が整備され，過労自死の発生状況が詳細に捕捉されたとしても，一般的な計量分析の手法を用いた研究は困難が予想される．とはいえ，最低限全体の発生件数や可能な限り詳細な個々の事案に関する統計が整備されれば，とりうる研究の方法は大きく拡大されるものと考えられる．
　追記：2016 年，2017 年に公表された「過労死等防止対策白書」（厚生労働省 2016, 2017）によると，現在，過労死，過労自死の労災に関する資料の収集が進められており，分析結果が提示されている．また，同白書では過労死，過労自死に関わる多数の調査・研究の結果・進捗状況が提示されており，この問題にかかわる資料は近年飛躍的に蓄積されつつある．

140　第Ⅱ部　過労自死に特有の原因条件の分析

・インタビューの目的
　本インタビューは，①親族が自死により亡くなるまでの出来事と亡くなった後に生じる出来事，および，②自死遺族が経験する心境とその変化を明らかにすることを目的として実施されたものである．

・インタビュアー
　本調査におけるインタビュアーは，特定非営利活動法人・働く者のメンタルヘルス相談室（以下，働く者のメンタルヘルス相談室）理事長の伊福達彦氏と筆者の2名である．

・倫理的配慮，インタビューの実施方法
　インタビューは，口頭による事前の趣旨説明を経て，T氏の同意のもとに実施されたものである．本書におけるインタビュー記録の参照についてもT氏の許可を得ている．インタビューはICレコーダーで録音しつつ，各回2〜3時間程度，途中休憩をはさみながら実施した．より具体的な実施方法として，1回目，2回目のインタビュー時には筆者が基本的な質問項目を用意した半構造化面接のスタイルで実施し，3回目についてはそれまでのインタビュー記録を参照しつつ非構造化面接のスタイルで実施した．

・インタビューの記録について
　インタビュー終了後，働く者のメンタルヘルス相談室が逐字によるテープ起こし原稿を作成し，その後，筆者が編集を加えたケース記録を作成した．テープ起こし原稿，およびケース記録については内部資料として働く者のメンタルヘルス相談室が保管しており，現時点では一般公開の予定はない．

　以上が，本インタビュー調査の概要となる．本節で記録を参照・紹介するにあたっては，個人情報保護の観点から一部情報を伏せながら事案の概要を確認していくこととする．

2 事例の概要とプロセスの整理

准教授就任前の生活

　以下ではまず，Jが自死に至るまでの経緯をインタビューの記録に基づき整理していく．

　JはA大学で博士号を取得した後，1997年にB大学の助手として採用され，1999年までの2年間勤務した．それから間もなく，Jは国が推進する研究事業の研究員に選ばれたことで，海外の大学で研究する機会を与えられる．その後，2001年に帰国したJは，再びB大学において助手兼研究員として勤務することとなった．T氏（インタビュイー＝Jの妻）によれば，それ以降の約5年間は，職場や家庭において，大きな悩みにつながるような問題は起きなかったという．

准教授就任から震災までの生活

　2006年，Jは同大学にて准教授に就任する．T氏によると，Jは若くして研究員に選ばれたことで，学内で目立つ存在となっており，この准教授への昇任時も，他の教授陣からの風当たりが強かったという．そのため，Jは准教授になった直後から職場でいじめられるといって泣いたり，一週間程度外出できなかったりすることがあったという．なお，その当時のJの勤務状況としては，朝8時頃に出勤し，夜10〜11時に帰宅するという状況であった．

　同じ頃，Jが所属する研究室の教授が退官を迎えたため，元々准教授であったK（以下，K教授）が新たに教授に就任することとなった．しかし，JとK教授とは研究分野が違うこともあり，折り合いがよくなく，Jは独立した形で研究室をもつことになった．当時のJの状況について，T氏は次のように語っている．

　　　当時（主人のことを）気にいらない人もいて，大学ではあまりいい待遇ではなかったようです．それから本当にきつい状況でした．ただ，その頃は追い詰められながらも，なんとかできるような状態ではあったん

142　第Ⅱ部　過労自死に特有の原因条件の分析

だと思います．本人も一生懸命いい研究室にしようとして，人脈をつくっていこうとしたり，ものすごく努力をしていました（括弧内筆者注，以下同様）．

　その後，2010年頃より，Ｊは准教授から教授への昇任を視野に入れ，それまで以上に成果を求め研究に取り組むようになった．Ｔ氏によれば，この頃からＪは家に仕事を持ち帰らざるをえない状況となり，仕事をしている体勢のまま，倒れこむように寝てしまうことが多くなったという．

震災後の生活（2011年）

　上述のような多忙な状況のなかで，2011年3月，震災が起きた．それにより，Ｊの研究室は全壊する．Ｊはその後，瓦礫から研究データを救出したり，研究機材を再設定したり，研究室のたてなおしに追われることとなった．それに加え，Ｊは震災関連の事務処理や，被災した周囲の人たちのケア等も行わなければならなかった．また，大学の事務が一時的に停止したため，出張費や旅費が数カ月の間清算されず，Ｊは研究にかかわる支払い等含めた資金の工面に苦心するということもあった．このような状況のもとで，Ｊの業務量は震災前に比べ大幅に増加し，Ｊは体力的にも精神的にも著しく疲弊していくこととなった．震災後にＪがおかれた状況について，Ｔ氏は次のように述べている．

　　（震災によって）みなさん，命を懸けてやっていた仕事が一瞬にして全滅してしまい，それぞれが精神的に追いつめられていたんだと思います．そういう場所に主人がいたのかなというふうに思います．
　　ただでさえ，みんなぎりぎりなところでやっていて…，ぎりぎりだけど，なんとかバランスがとれていたものが，震災後にはもう抱え込めないぐらいのストレスになってしまったのだと思います．

　2011年春頃，別の研究室の教授がＪの研究に影響が出る機材を，Ｊが使用

していた部屋の近くに設置しようとするということがあった．Jはそれを阻止するために陳述書を作成する等，1カ月以上にわたって交渉を続けた．T氏によれば，Jはこの出来事について，学内での自分の立場が弱いがゆえに起きた問題だととらえていたとされる．

　Jはこの頃から目にみえて精神的な変調をきたすようになった．たとえば，JはT氏に対して，非常に些細なことで物を床に叩きつけて壊すほど怒ったり，激昂のあまり，襖や壁に穴をあけたりすることがあった．また，Jは怒ったまま家を飛び出し，数日間帰ってこないということもあったという．

　そのような状況であったが，Jの仕事量が減ることはなく，むしろ多忙さは増すばかりであった．この頃のJは，日々の復旧作業や職務に加え，国内出張，さらに立て続けに3カ国以上に海外出張するといったスケジュールをこなしていた．その当時のJの勤務状況について，T氏は次のように語っている．

　　（当時の主人は）アイドル歌手よりも忙しかったと思います．（仕事
　　は）全然まわっていなかったんだと思います．（近いうちに破たんする
　　だろうということを）本人だけがずっと予期していたような気がするん
　　です．

　なお，本件は労災としてすでに認定されているが，認定理由は「過重労働の恣意的強制があった」というものであった．

震災後の生活（2012年）

　2012年1月，Jの研究室は仮設のプレハブ研究室に移動させられることになった．このJの研究室は同じ研究グループのプレハブ棟が建てられた敷地のなかでも，もっとも端で，もっとも人のいないところであった．T氏によると，Jはこの対応について，大学から冷遇されているからだと受け止め，気を落としていたようであったという．また，それまでは同じ研究グ

ループは皆同じ建物にいたため，廊下ですれ違う等，日常的に顔を合わせることがあった．しかし，このプレハブ研究室への移動により，そうした研究者，同僚同士のコミュニケーションの機会が著しく減少することとなった．

さらに同時期，2011〜12 年にかけて，B 大学では准教授だけの研究室は徐々に閉鎖するという方針が打ち出された．この方針が打ち出されたあと，J 以外の教員たちは，他大学に移動したり，教授に昇任したりと，ほとんどの者は行き先が決まりつつあった．しかし，J は上司にあたる K 教授らから複数回にわたり，「大学以外の道もあるから」と，暗に退職を勧めるようなことを告げられていたという．

そして 2012 年 1 月下旬，新年会の席において，K 教授より，J の研究室を 2 年後に閉鎖するということが J に直接告げられた．この時点で准教授としての J の雇用期間はあと 4 年残っていた．また，J が研究員として抱えていたプロジェクトの期間もあと 5 年残っていた．つまり，かりに 2 年後に研究室が閉鎖されたとしても，J の雇用期間は残っており，身分上は大学に残ることができる状況であった．しかし，研究室がなければ研究は継続できず，「研究室の閉鎖を告げられる」という事態は，J にとって事実上の退職勧奨を意味していたと T 氏はとらえている．

その新年会の翌日から，J は明らかに落ち込んだ様子となり，食事も受けつけない状態になった．そして，さらにその翌日からは「言葉が止まらなくなる」という状況になった．たとえば，「自分がいかにだめな人間か」といったことや，「今抱えている仕事全部はこなしきれない」といったことを，T 氏に対してひたすら話し続けるようになったのだという．当時の状況を，T 氏は以下のように述べている．

　　話の内容としては，自分がどんなにだめな人間かっていう話をしはじめるんです．もう止められないみたいなんですね．洪水みたいな感じでした．ただ不思議なことに話の筋は通っているんですよ．論理的に自分がいかにだめかというのをしゃべりつづけている．こういうこともあったのに全然できなかったとか．ちゃんと説明してくれるんです．

また，こうした精神状態のなかで，Jは抱えていた案件のひとつでパニック状態になり，折り合いの悪かったK教授に相談を持ちかけた．しかし，T氏によれば，それにより有意義な助言が得られることはなく，それどころかJは「Kから君の仕事は系（大学）のためには全然なっていないと言われた」といって帰宅したとされる．

その後Jは精神科を受診したが，その際には具体的な病名はつかなかった．精神科受診後もJの症状は変わらず，夜も寝ずに一晩中T氏に話し続けているという状態であった．その話の内容は仕事のことから，次第にT氏を責める言葉へと変わっていった．T氏によれば，Jは亡くなる直前の1日は朝から晩までT氏に対してひたすら文句をいいつづけていたという．

そして，2012年1月31日，Jの状態がさらに悪化（奇行やうなり声をあげつづける等）したため，別の病院を受診したところ，うつ病と診断され，翌日からの入院がいいわたされた．その後，入院に備え，一旦自宅にもどったところ，Jはマンションから飛び降り，自死に至る．

なお，准教授としての職が任期制（10年間）であったこと，研究室閉鎖が決定したことについて，Jは最後までT氏に話していなかった．研究室閉鎖の決定がJに与えた心理的な影響について，T氏は次のように語っている．

> （研究室閉鎖を告げられ）主人のなかでは，「おれがだめなんだ」ということになってしまったんだと思います．「自分のやっていたことは全部だめだったんだ」といった全否定がそこから始まったような気がしています．主人は研究が大好きで，そこに情熱や自分の存在の理由のすべてをかけているような人だったので，いつしか追い詰められているうちに，B大学に認められなければ研究者として終わりという思考回路みたいなものができてしまったのかなって思います．

以上にみてきた本事例のプロセスを，前章と同じ形式で表5-1に整理した．これによれば，前章にとりあげた3事例と同様に，「人間関係上の問題」

146　第Ⅱ部　過労自死に特有の原因条件の分析

表 5-1　Ｊの事例における各原因条件の発生時期

年月	2001年	2006年	2007年 ～2010年	2011 年											2012年
	―	―	―	3月	4月	5月	6月	7月	8月	9月	10月	11月	12月	1月
N				○	○	○	○	○	○	○	○	○	○	○
R		●	○	○	○	○	○	○	○	○	○	○	○	●
L	着任													
その他		昇任		T1										T2 死亡

●＝具体的な出来事について言及あり，○＝具体的な出来事について言及はないが，当該の原因条件が継続して存在していたと推認される，T1 ＝震災が発生した，T2 ＝研究室の閉鎖が告げられた．

が先行して経験され，その後，「ノルマを達成できなかった」に準じる出来事が発生していたことがわかる．また，死亡直前に２つの原因条件が経験されていたという点も前章にみた３事例と同様であった．

　具体的には，まずＪは 2006 年に准教授に昇任して以降，他の教授らとの関係について悩んでいたとされており，「人間関係上の問題」を抱えていたことをみてきた．その後，2010 年頃になるとＪは准教授から教授への昇任に向けて多忙さが増していたところ，2011 年に震災が起きる．これにより，研究室のたてなおしや事務処理等，Ｊの業務量は大幅に増加し，仕事が回らない状況，つまり「ノルマを達成できない」状況に陥っていた．なお，Ｊの具体的な労働時間については，全期間を通じて把握することができていないが，これまでみてきたように相当の長時間労働状態であったことは明白である．「過重労働の恣意的強制があった」として労災が認定されていることがその証左といえる．

3　原因条件と心理的影響

　次に，本事例における主要な出来事（原因条件）と心理状態の関係について確認していく．本事例における主要な出来事としては，① 2006 年の准教

授就任後に明確となった「人間関係上の問題」，②2011年3月の震災以降に生じた「ノルマの未達成」，③2012年1月の「人間関係上の問題」があった．

まず，①の「人間関係上の問題」とは，准教授就任後Jが他の教授らとの関係に悩んでいたという事態を指す．詳しく振り返ると，Jが准教授になった際，周囲の教授陣からの風当たりが相当強く，その直後からJは大学でいじめられるとT氏に涙ながらに訴えることがあったとされていた．また，Jは上司にあたるK教授との折り合いがよくなかったとされており，そのためJは研究室を独立することとなっていた．こうした状況を踏まえると，Jは学内において孤独感や疎外感を感じていたと考えられ，①の出来事（人間関係上の問題）は，主にJの「所属感の減弱」を促していたと推察される．

次に，②の「ノルマの未達成」とは，震災により全壊した研究室のたてなおしや，震災関連の事務処理等により業務量が大幅に増え，仕事が回らなくなったというものであった．上述のように，2010年頃から教授への昇任を目指し研究に取り組んでいたJにとって，震災による研究室の崩壊や，それにかかわる業務量の増加は，研究を停滞，あるいは後退させるものであったと考えられる．これにより，直接的に「負担感の知覚」や「所属感の減弱」が促されたとは考えにくいが，喪失感や焦燥感といった精神的負担を募らせることになったものと思われる．

そして，死亡直前2012年1月，プレハブ棟への移動と研究室閉鎖を告げられたJは，それからおよそ1週間後に自死に至る．

ここで，プレハブ棟への移動を「人間関係上の問題」としてとらえることができるのかという点については，やや疑問が残る．しかし，T氏によれば，Jはこの出来事を「大学から冷遇されている」ことの結果としてとらえていたとされており，少なくともJにとっては一種の「人間関係上の問題」として経験されていたものと考えられる．また，プレハブ棟への移動により，研究者同士のコミュニケーションがなくなったことも指摘されており，この出来事はJの「所属感の減弱」を促す出来事であったと推察される．

最後に，2年後の研究室閉鎖が告げられたという出来事は，Jの自死を検

討するうえで決定的に重要な影響を与えたものと考えられる．この決定が事実上の退職勧奨を意味していたことは先に述べたとおりであるが，震災による研究室全壊から懸命にたてなおしを図っていたJにとっては，それまで積み上げてきた研究，自らの存在意義までが徹底的に否定されるような出来事であったものと推察される．間近にJの様子を見続けてきたT氏も，この出来事がJにとって，「自分のやっていたことは全部だめだったんだ」，「自分なんて価値のない人間だ」といった自己否定を植えつけるものであったととらえていた．この出来事が，Jの「負担感の知覚」および「所属感の減弱」を促していたことは明らかであると思われる．

　なお，研究室閉鎖を告げられてから自死に至るまでの間（約1週間）に，Jは相談をもちかけたK教授から，「君の仕事は大学のためには全然なっていない」という趣旨のことをいわれていた．この発言が，准教授（大学教員）としての自信を喪失していたJを，より落ち込ませるものであったことは明らかであり，「負担感の知覚」と「所属感の減弱」をいっそう促したものと推察される．

　以上，本節では，判例以外の過労自死事例としてT氏への聞き取りよりB大学教員Jの事例を概観してきた．その結果，本事例においても，「ノルマを達成できなかった」と「人間関係上の問題」という原因条件の重複があり，それらが「負担感の知覚」と「所属感の減弱」を促していたであろうことを確認してきた．また，自死直前に経験された「人間関係上の問題」が自死に決定的な影響を与えていたであろうということについても，前章にみた3事例と同様に確認された．

　本事例は，震災が重要な契機となっていたという点で特殊なケースであるが，自死に至るまでの過程に，2つの原因条件の重複があり，それらがJの否定的な自己認識を強化（スティグマ化）することによって，Jを自死へと追い込んでいたことはこれまでと同様であった．あくまでひとつの事例，かつ焦点を絞った上での議論であるため，十分な検証とはいいがたいものの，本事例の検討を通じて，これまで本書で行ってきた議論が一定の一般化可能性を有したものであることが示されたと考えられる．

第5章　判例以外の事例を用いた検討（事例分析Ⅱ）　149

第2節　男性自死者が遺した手記の分析

1　手記の概要

　前節でみたJの事例（インタビュー記録）では，自死に至るまでの客観的なプロセスに関する情報が豊富であった反面，当事者の意識については情報が乏しく，詳細な議論ができなかった．そこで本節では事例検討の最後の一例として，自死者が遺した手記をとりあげ，当事者の主観的な意識について確認していくこととしたい．

　参照するのは，2005年に自死した片山飛佑馬という人物が遺した手記，「アパシー」である．はじめに，個人情報保護にかかわる事柄について述べておくと，この手記は片山氏が亡くなった後，2006年に雑誌『三田文学』に小説として実名を付して掲載されたものである[2]．その存在はこれまでに新聞（『毎日新聞』2006.10.8朝刊，東京版）でも実名とともに報じられている．そのため，本稿では一般公開されている資料として氏名を匿名化せずに記載することとする．

　また，上記のとおり，本手記は小説として掲載されたものであり，内容には明らかな創作部分も含まれているが，同氏の自死願望や自死直前の心情を記した遺書としても読み取ることが可能な内容となっている．この点について，手記中から以下の記述を引用しておく．

　　そして，今日は再び死にたくなったのでこの文章を書いている．ここに自己を求めているといえるのかもしれない．ここに書いてあることは，最初から一応のフィクションが混ぜられ，ウソも多く書かれているが，感情や考えというのは，その時々の思想を表現しているものであ

---

　2)　本手記は，片山氏の死後，自室に置かれていた原稿を家族が発見し，片山氏の出身大学とゆかりのある雑誌『三田文学』へ投稿されたものである．

150　第Ⅱ部　過労自死に特有の原因条件の分析

る．いや，それも，自分で後から訂正したりしているものだから，忠実とはいえないかもしれない．しかし，ある途中の部分からは，かなり本音を吐露しているつもりではある．（中略）

　そして，私が今回この文章を書こうと思った契機は，私は未だ死にたいと思っているということを正直に吐露したいというものである．（片山 2006: 28）

　さて，そろそろ本当に面倒くさくなってきたので，作品解説をしたいと思います．つまり，最初は本当に小説にしようって思ってたわけですよ．（中略）そんで，まぁ小説っぽくしようと試行錯誤したんだけど，あんまりにも事実の通り書いてたらクレーム付きそうだったんで話に若干ウソ入れたら，オレ頭悪いもんだから辻褄合わせるの難しくなってきちゃって．（中略）そんで，途中から遺書っぽく書いてたんだけど，それもなんかだんだん面倒くさくなってきた訳よ．自分でも文章ヘタくそだなって思うよ．でも，遺書にするんだったらあんまり直さずに素直に自分の気持ちを書いた方がいいかなって思って，一応自分なりに小細工入れながら書いてった訳ね．（片山 2006: 30）

　記述内容を整理すると，この手記は当初小説として執筆されていたものの，途中からは遺書としての意味合いを強めるようになり，「感情や考え」については「かなり本音を吐露」しているということが述べられていた．それでも，フィクションかノンフィクションかの線引きについては注意深くみていく必要があるが，自死願望等についての記述はおおむねノンフィクションとしてとらえることが可能であると判断し参照していく[3]．繰り返し述べてきたように，自死者に関する資料の入手がきわめて困難ななかで，当事者によって記された本手記は，自死者の主観的意識を知るための貴重な資料として位置づけることができる．

2　片山氏の経歴と自死までの経緯

　本項では，片山氏の経歴と自死に至るまでの経緯について確認しておくこととする．片山氏の手記中には，自身の経歴に関する客観的情報はほとんど記されていないため，ここでは前掲新聞記事と「働く者のメンタルヘルス相談室公式サイト」（働く者のメンタルヘルス相談室 2010）に掲載されている情報を参照していく．後者の情報源についてはウェブサイト上のものとなるため，筆者は 2013 年中，複数回にわたりサイトを管理・運営する同法人，伊福達彦理事長に面会し，片山氏に関する情報の入手経緯等をお聞かせいただいた．それによると，ウェブサイトに掲載されている片山氏の経歴は，ご遺族との面会および前掲新聞記事等を元に作成されたとのことであり，信頼できる情報であると判断し以下の概略を行う．

　片山氏は 1980 年生まれの北陸地方の出身であり，2003 年に東京都内の有名私立大学（法学部）を卒業，某地方銀行に入行した．入行式では新入社員を代表して答辞を述べ，関東地方にある同行支店で法務職に従事しながら，

---

3)　上記に示した片山氏の記述から，このような判断方針を定めたものの，依然として
データの信頼性に関する課題は残されており，ここで本質的な解決を図ることはできない．しかし，同様の問題は，ドキュメント分析，あるいはインタビューデータを用いた研究等にも存在する．したがって，この点によって本節での検討が著しく信頼性を欠いたものとなるわけではないと考えられる．また，遺書（自死者の手記）を対象とする場合，精神疾患との関連という観点からも記述内容の信頼性に疑問の目が向けられることがある（末木 2013）．この点も根本的な解決を図ることは難しいが，精神疾患患者の思考が完全に病的なものといいきれないことは第 4 章第 3 節に述べたとおりである（本節のおわりに改めてとりあげる）．なお，駒田陽子ら（2003）によれば，手記分析は「自殺学」（Suicidology）において，1960 年頃から用いられており，自死を理解する資料として大きな期待を寄せられた時期（第 1 の時期），心理学上の資料として価値を持たないと考えられた時期（第 2 の時期）という変遷をたどりながら，現在では，自死者の細かい人生歴，生活歴と照らし合わせることによって重要な意味を持つと，改めてその価値が認められるようになってきた（第 3 の時期）とされる．こうした経緯を踏まえたうえでも，手記を対象とした分析には，一定の意義があるものと考える．

152　第Ⅱ部　過労自死に特有の原因条件の分析

銀行業務検定試験財務3級等多くの資格を取得した.

　その後，2005年1月，同行他支店に異動となり，同年4月から営業職に配置転換されることとなる．それからわずか1カ月後の5月にうつ病を発症し休職（片山氏の記述によると退職とされており，退職を前提とした休職であったと考えられる）．それからおよそ3カ月後の2005年8月末，自死に至る．前掲ウェブサイトの情報によると，営業での過重なノルマと上司の「追い込み」が同氏のうつ病発症に影響したとされている．手記中にも，職場での人間関係によって同氏が精神的に追い詰められていたであろうことをうかがわせる以下のような記述がある[4].

　　怒り.
　　「ただ逃げてるだけじゃないか！」
　　あいつの声が聞こえる.
　　「ほっとけ」
　　あいつの声が聞こえる.
　　「辞めろ」
　　あいつの声が聞こえる.
　　「給料分稼げ」
　　あいつの声が聞こえる.

---

4)　片山氏のおかれていた労働環境や仕事内容（労働時間や残業時間，ノルマの内容等）について，これ以上詳しい記述はないが，2001年に某メガバンクに入社し，1年程で辞職に追い込まれた稲村圭（2003）の指摘を参考までにみてみると，当時の銀行業界では，月に100時間を超える時間外労働（残業代は数時間分しか支払われない）が恒常的に課され，休憩時間（昼食・夕食）もほとんど与えられない等，劣悪な労働環境，そしてパワーハラスメントが広く存在していたとされている．また，働く者のメンタルヘルス相談室（2010）によれば，片山氏の配置転換の理由は営業で欠員が相次いだことによるものとされており，さらに，片山氏の勤務していた銀行では，同氏の配属1カ月前にも行員が1名自死していたとの記載もある．これらのことが事実であるとすれば，同氏のおかれていた労働環境も，稲村の述べるような過酷なものであったと推測することが可能であるだろう.

「努力したんか」

あいつの声が聞こえる.

「現実に目を向けろ」

　あいつは，たしかに顔は笑いながら，足を蹴りつけて，私に対する怒りをぶつけていた.（片山 2006: 21）

　ここで「あいつ」とは具体的に誰のことを指しているのか明らかにされていないが，上述の情報（経緯），および「辞めろ」や「給料分稼げ」という言葉を投げかける立場にある人物としては，配属された営業部署での上司を想定するのが妥当であるだろう.したがって，上記の引用文は当時の上司からの詰問の様子を回想的に記述したものと考えられ，片山氏もこれまでの事例と同じく，職場における「人間関係上の問題」を抱えていたものと推察される.また，「給料分稼げ」や「現実に目を向けろ」といった言葉からは，片山氏が「給料分」の成果を上げることができていなかった（と上司が判断していた）ことが示唆され，「ノルマを達成できなかった」という原因条件についても存在していたものととらえることができるだろう.

　以上のように，本事例においてもこれまでに注目してきた2つの原因条件の存在を読み取ることができる.資料の制約により時系列に沿って出来事と心理状態の因果関係を確認することは難しいが，次項ではこうした経緯を前提とし，片山氏が自らの心理状態について示した記述をみていくことにしたい.

3　否定的な自己認識の存在

　前項にみたように，片山氏は職場において2つの原因条件に該当する出来事を経験していたものと考えられる.これまでの事例を踏まえると，片山氏はそれにより否定的な自己認識を植えつけられていたものと推測され，本項ではこの点に焦点を定め記述を確認していく.

　結果から述べると，片山氏の手記中には，これまでにとりあげた事例と同様，スティグマ化された否定的自己認識を読み取れる記述が散見される.以

154　第Ⅱ部　過労自死に特有の原因条件の分析

下，片山氏が自らの否定的な自己認識について記した箇所を一部抜粋して提示する（以下，片山氏の記述に対する傍点はすべて筆者によるものである）．

　昔から気が小さい人間だった．神経質な人間だった．だから，周りは僕を傷つけないように気を遣ってくれた．でも，分かったんだ．周りの人たちと比べることで，自分がいかに弱い人間であるかを．（片山2006: 12）

　私は不安と葛藤に慄いていた．自分が生きるべきか死ぬべきか．私は頼りになるものを探していた．自分自身の力で立ち上がることのできない弱い存在であることを悔やみながら，私は母親に相談することにした．（片山2006: 13）

　そうじゃないと声高に叫んだところで，空しく響くばかり．本人にも思いあたる節あり．会社のせいのような気もすれば，環境のせいのような気もするし（後略）．ほんとにオレって男はどうしようもない男だよ．（片山2006: 30）

　これだけ，目の前に選択肢がありながらも，私は自分自身への自信を全く失ってしまっている．（片山2006: 32）

　このように，自らを「弱い人間」や「どうしようもない男」と評した記述は，たとえば前章にみたＺ検査サービス株式会社社員Ｄの遺書における，「自分の力の無さをつくづく痛感したのも事実です．自分に自信が持てなくなりました」という記述と共通した心理状態を表したものと考えられる[5]．

　ただ，過労自死者の心理に共通点があるということは，それが精神疾患（うつ病）により生じる一般的な心理状態であるから，という可能性を否定できない．自己否定はうつ病の典型的な症状のひとつであると考えられており（筒井2004: 30; 張2006: 124），「職場結合性うつ病」の増加を指摘す

る精神科医の加藤（2013）は以下のように述べ，うつ病と否定的な自己認識の関連の強さを強調している.

　　職場結合性うつ病で最もよくみられる妄想的確信は，「自分はもはや，何もできない」という自分の無能力の確信で，これは「無能力妄想」と呼んで差し支えない．無能力妄想は，重症の職場結合性うつ病では必発といっても過言ではなく，自殺予防上の重要な徴候である．（加藤 2013: 12）

　一方，本書ではこれまで，過労自死者の否定的自己認識は，2つの原因条件が繰り返し経験されるなかで，逃れようもなく植えつけられたもの，ということを確認してきた．つまり，過労自死者の否定的な自己認識にはそれに先行する経験（出来事）に基づいた理由があるということであり，この観点からは精神疾患の影響を否定しないまでも，それのみが否定的な自己認識の理由とは考えにくいということとなる.

　以上のような，否定的な自己認識の主たる要因が精神疾患であるか否かという議論，すなわちそれが「病的絶望」か「実存的苦悩」かという議論は，前章でも触れたようにいまだ「グレーゾーン」としてとらえられており（北中 2014: 30），ここで結論を下すことはできない.

　ただ，精神疾患との関連を重視する立場であっても，その一切を精神疾患によるものと主張しているわけではなく[6]，加藤によれば，「うつ病発症に先立つ準備状況は（中略）『（会社，上司といった）他者の要求の背後に取り残される』という他者からもたらされる不全状態に特徴づけられる」との見解が示されている（加藤 2013: 7）．加藤によるこの指摘は，労働に起因す

5）　なお，「昔から気が小さい人間だった」という記述からは，片山氏のパーソナリティに素因があったという見方も可能であるが，同氏がそれまで支障なく日常生活を送れていたことを踏まえると，やはり営業職へ配置転換されて以降の出来事が片山氏の自尊感情を低下させる要因になっていたものと推察される.

156　第Ⅱ部　過労自死に特有の原因条件の分析

るうつ病発症の背後に，本書にみてきたスティグマ化と同様のメカニズムが
あることを示しているものと考えられ，その点について見解の一致を見出す
ことができる．

　そうであるとすれば，これまで本書でみてきた過労自死のプロセス，およ
び当事者の心理状態に関する知見そのものは，精神医学的な観点からも一定
の妥当性を有したものであったと理解することが可能である．つまり，病的
か実存的かという点についてはやや見解が異なるものの，過労自死の背後に
同じメカニズムをみていると考えられるのである．次項では，こうした否定
的な自己認識（スティグマ感）が，休職中さらに強化されていく理由につい
て検討していく．

4　否定的な自己認識の強化と確信

　片山氏と第4章にとりあげた3事例との違いは，判例として示されている
か否かということのほかに，片山氏が休職中[7]に自死に至っているという点
が挙げられる．第4章にとりあげた事例では，いずれも死の直前に「人間関
係上の問題」が確認されていたが，本事例では知りうる限り該当する出来事

6）　北中によると，自死の医療化に関する議論は精神医学・精神科医の間でももちろん
　意識的な議論がなされており，「現場の医師は，バイオロジカルな診断に基づく『科
　学者』としての冷静な医師像と，全人格的なかかわりを目指す『精神療法家』という
　2つのモデルの間で引き裂かれているかのようだ」と，この問題をとりまく現状を表
　現している（北中 2014: 48）．なお，北中が行った医師への聞き取り調査では，「実
　存論的・精神療法的アプローチ」に潜む危険性が多く聞かれたという．それは，「そ
　れまで生きてきた人生があまりにも凄まじくて，自殺がまるで自然な帰結のようにさ
　え思えてくる」，「共感の危うさ」，「感情的に巻き込まれてしまう」ことへの危惧とし
　てとらえられている（北中 2014: 48-9）．精神疾患の影響を重視する立場の背後に
　は，このような事情も存在している．しかし，それでも，「バイオロジカルな説得に
　ついては，医師もその限界を認めざるをえない症例に出会うこと」があるとされ（北
　中 2014: 40），それゆえに北中はこうした現状を，「2つのモデルの間で引き裂かれて
　いるかのよう」と表現しているのである．

7）　上述のとおり，事実上退職済みであった可能性が高い．

第5章　判例以外の事例を用いた検討（事例分析Ⅱ）　157

は確認されていない．では，そうした状況で，なぜ片山氏は自死するに至ったのか．

　形成されたスティグマ感が職場を離れたというだけで解消されないことは想像にかたくないが，片山氏の記述を確認していくと，「仕事をしていない」ということが新たな葛藤を生じさせ，否定的自己認識を強化させていたことがわかる．以下，具体的な記述をみていく．

　　翌日，私は被告席に立たされていました．
　　（中略）
　　検事「あなたは，不作為により公共の利益に反する行為を行っています」
　　（中略）
　　検事「あなたは生産活動を放棄されている」
　　私「具体的な罪名は何でしょうか？」
　　検事「窃盗罪です」
　　私「私は何も盗んではいません」
　　（中略）
　　検事「あなたは，あなた自身に今までどれだけのお金が掛かっているかわかっていない！　その苦労を肌で感じていない！　お金，お金を稼ぐために，飯を食べるために，あなたはどれだけの人が苦労し，努力し，汗水垂らし，子を養い，妻を養い，夫を養い，勤労しているかがまるで分っていない！」
　　（中略）
　　検事「あなたは，24歳にもなって，社会人としての自覚というものがないのですか？」（片山 2006: 23-6）

　この記述において，片山氏は自らを被告として想像上の裁判にかけている．罪名は「窃盗罪」であり，それは「生産活動」を放棄していることにより課せられた（自らに課した）ものとされている．

158　第Ⅱ部　過労自死に特有の原因条件の分析

　この記述から読み取れることは，当時の片山氏が，「生産活動」をしていないこと，つまり就労と自立を果たせていないことにより新たな葛藤を抱えることとなり，否定的な自己認識を強化させていたということである．こうした葛藤は，以下の記述からも読み取ることができる．

　　　私は，自分が怖い．つまり，生きていることが誰の助けにもなっておらず，ただ迷惑を掛けるだけの存在になってしまっている．人の恩を仇で返している．そういう存在になってしまったのだ．
　　（中略）
　　「どうやったら救われる？」
　　「馬車馬のように働け」
　　（中略）
　　「どうか助けて下さい」
　　（中略）
　　「自分の足で歩けや」．（片山 2006: 35）

　この自問自答のなかで片山氏は自らを「迷惑をかけるだけの存在」と記し，その状況から脱する（救われる）ためには，「馬車馬のように働」き，「自分の足で歩」くことが必要であると考えていたこと，そしてそれができないゆえにさらに自己否定を繰り返していたことがわかる[8]．
　このように，職場における出来事を経て形成された片山氏の「自らが無能であるという認識」（スティグマ感）は，休職後，今度は仕事をしていない状況における内省により，さらに強固になっていったものと推察される．第2章第2節でとりあげた，大野は，当事者が仕事を辞められない理由につい

　8）　なお，「生きていることが誰の助けにもなっておらず，ただ迷惑を掛けるだけの存在になってしまっている．人の恩を仇で返している．そういう存在になってしまった」という記述は，「自殺の対人関係理論」において「負担感の知覚」と呼ばれていた心理状態ときわめて整合的な感情を表出したものと考えられる．

第5章 判例以外の事例を用いた検討（事例分析Ⅱ） 159

て，仕事を通じた「自己実現欲求」の存在を指摘していたが（大野 2003:
49），上記にみた片山氏の葛藤は，そうした欲求が満たされないことにより
生じる自己否定としてとらえることができるだろう．

　そして，こうした悪循環はやがて無能力感を確信へと促し，「死を選ぶ」
ことにより苦悩から解放されたいという願望へと帰着する．以下の記述か
ら，そうした片山氏の絶望的な確信を読み取ることができるだろう．

　　　では，自殺未遂を為し，現在鬱病の療養中の私が思うに，鬱病からの
　　回復とは不安を無くし通常の社会生活を送ることであるとすれば，社会
　　生活を送ること自体が不安であるという矛盾に苦しむ私は，果たして自
　　殺する権利というのを与えて頂くことはできないのですか？　自殺をす
　　るくらいだったら，今を楽しむことに力を注ぐべきですか？　それで社
　　会生活に復帰しても同じことを繰り返すのだったら，自ら死を選ぶ権利
　　というのは無いのですか？（片山 2006: 20-1）

　片山氏の述べる「社会生活」とは労働（「生産活動」）を通じて経済的に自
立した生活を営むことであった．だが，当時の片山氏にはそれができておら
ず，さらに自己否定の悪循環のなかで，もはや将来的にもそれを実現できる
見込みがないように思われたのだろう．思考を切り替えて，「今を楽しむ」
という選択肢も脳裏には浮かぶ．しかし，その選択はさらに深く長い苦悩を
生じさせることが予想され，片山氏には踏み切ることができない．このよう
な二者択一的な思考はたしかに狭窄的であり，実際には「今を楽しむ」とい
う生き方も十分に可能であったものと考えられる．だからこそ，精神医学の
立場からはこれを病的な思考とし治療の必要性が指摘されるのである．

　ただ，そのことを承知したうえでも，片山氏の心情は同時代を生きる者と
して理解することができ，その葛藤のなかに「仕事での成功や失敗」が「実
存への評決」に直結する現代社会（Baudelot and Establet 2006=2012: 124-5）
の姿が映し出されているように思われる．

　このような思考が病的か否かという議論にこれ以上踏み込むことは，本章

160　第Ⅱ部　過労自死に特有の原因条件の分析

の問題設定を超えるため控えたい．ここで強調しておきたいことは，これまでにみてきた過労自死の発生メカニズム（「ノルマの未達成」と「人間関係上の問題」の重複）がかくも深い絶望をもたらすという事実である．

おわりに

　本章では，第4章までにみてきた過労自死の特徴，および発生のメカニズムが，判例以外の事例においても存在しているのかという点について検討してきた．以下，概要を振り返っておきたい．

　まず，本章で参照した事例は，①B大学教員Jの事例，②2005年に亡くなった片山飛佑馬氏の2事例であった．前者ではご遺族のT氏へのインタビュー記録をもとに自死に至るまでのプロセスを中心に確認し，後者では片山氏が遺した手記をもとに当事者の否定的な自己認識（スティグマ感）について詳しく確認してきた．

　検討の結果を短く述べると，本章でとりあげた2事例においても，第4章までにみてきた過労自死の特徴，および発生のメカニズムが存在していることが確認された．

　たとえば第1節の，①B大学教員Jの事例では，Jが准教授に昇任して以降，他の教授らとの関係について悩み，「人間関係上の問題」を抱えていたこと，2011年の震災以降，研究室のたてなおしや事務処理等の業務量が大幅に増加し，思うように業務を進められない状況に陥っていたことを確認してきた．そして，こうした出来事により「負担感の知覚」と「所属感の減弱」を強めていたところに，Jはプレハブ棟への移動と研究室閉鎖を告げられ，それからおよそ1週間後に自死に至っていた．

　Jにとって研究室閉鎖の決定が，いかに深刻な精神的ダメージを与えるものであったかは繰り返すまでもないが，それから自死に至るまでの間に，Jは相談をもちかけたK教授から，「君の仕事は大学のためには全然なっていない」という趣旨の言葉を投げかけられ，さらに追い打ちをかけられていたということをT氏へのインタビュー記録から確認してきた．

第5章　判例以外の事例を用いた検討（事例分析II）　161

　続いて第2節，②片山氏の事例では，原因条件の存否に関する情報が少なく時系列に沿った検討はできなかったものの，まずは2つの原因条件が存在していたということを本人の記述から確認してきた．次に，片山氏の意識に関する記述に目を転じたところ，「弱い人間」や「どうしようもない男」といった記述が散見され，第4章にとりあげた事例と同様，片山氏も否定的な自己認識（スティグマ感）にとらわれ苦悩していたことが確認された．

　さらに，本事例において興味深い点は，その否定的な自己認識が，仕事をしていない状況で生じた新たな葛藤により確信へと強化され，自死願望へとつながっていたことを確認できたことにある．片山氏は，「仕事をしていないこと」を非常に気にやみ葛藤していたが，そうした葛藤がなぜ生じるかについてはひとまずここでは重要ではない[9]．本書の議論にとってより重要なことは，否定的自己認識をめぐる悪循環が，最終的に自死願望を生成させるという第4章までに示した知見を改めて確認できたことである．あくまで，少数事例の質的な検討であるため過度な一般化はできないが，これまでの議論により2つの原因条件が過労自死を生じさせる蓋然性を確認できたものと考えられる．

---

9)　片山氏の記述にみられた新たな葛藤は，仕事を辞めた者の多くが直面する典型的な葛藤のひとつであるだろう．就労に対する過剰ともいえる規範意識と，無職者をあたかも「産業廃棄物」（上野 1990: 8-9）とみなすかのような社会の問題は，過労自死の重要な背景となっていると考えられる．この点については，小森田（2012）においてやや詳しく論じているが，今後稿を改めてより詳細に検討していきたい．

終章　結論と課題

　本章では，これまでの考察を通じて導かれた知見，および課題について整理していく．最初に各章の議論を簡単に振り返っておくことにしたい．

　序章では社会学的な自死研究の視点，および本書の基本的スタンスと関心を明示するために，社会学的自死研究の系譜を概観した．社会学的な自死研究は一般的に Durkheim（1897＝1985）の『自殺論』から始まったと考えられており，以降，自死を「社会状態の指標」とみなした社会的危機の解明が試みられてきたこと，そしてその方法論的な特徴は「方法論的集合主義」と呼ばれるものであることをみてきた．また，近年の自死研究の成果に触れ，先進国においては男性無職者の自死の危険性が高まっているが，日本においては男性有職者の自死問題も深刻化しているということを述べた．

　一方，上記のような巨視的観点からの自死研究には，個人的行為としての自死を十分に説明できないという批判が寄せられていた．そうした批判はDurkheim の研究枠組みの範囲において致命的な欠陥とはいえないものの，現実への適合性に課題を有していることは看過されるべきではないということを指摘した．また，微視的観点からの自死研究の場合には，知見の一般化可能性や資料の制約等の課題に直面する可能性が高いこと，ならびに，事例を細かくみていくことのみが社会学的自死研究に求められている役割とはいいがたいということを指摘した．

　以上のような社会学的な自死研究の動向を踏まえたうえで，本書では基本的研究方針として，自死を「社会状態の指標」とみなす社会学的自死研究のパースペクティブを踏襲しつつ，方法論としては巨視的観点，微視的観点の

両方に目配りをし，そこから過労自死の分析に取り組んでいくということを述べた．そして，そのために本書では質的比較分析（QCA）という手法を議論の中心に据えることにより，マクロとミクロの溝を埋め，一貫した社会学的自死研究の可能性を示すことを試みると述べた．

　次に，第1章では，日本の自死動向にかかわる既存統計資料の整理を行い，そこから本書の主題である過労自死の統計的な位置づけを示した．具体的に振り返ると，まず日本の自死動向を，性・年齢階層別に概観し，そこから1990年代後半以降では20〜60歳代の男性，すなわち「生産年齢に該当する男性」が自死の危険性が高い一群となっていることを確認した．次に，原因・動機別の統計を概観し，「生産年齢に該当する男性」の自死理由としては「経済・生活問題」，および「勤務問題」の多さに特徴があることを確認した．これは，「生産年齢に該当する男性」の自死を検討するうえでは，「仕事」との関連に注目することが重要であるということを意味し，ここからいわゆる過労自死（過労自殺）に焦点を定めることの必要性が見出された．また，そのことを踏まえ，1990年代後半以降，精神疾患にかかわる労災請求が急増していることを併せて確認しておいた．

　第2章では，主として3つの作業を行った．すなわち，(1) 過労自死が社会問題として認識されるまでの経緯と背景の確認，(2) 過労自死者が仕事を辞められなかった理由に関する先行研究の整理，(3) 過労自死を特徴づける原因条件についての仮説提示である．

　具体的に振り返ると，まず，(1) 過労自死は1990年代より注目を集めるようになった現象であり，弁護士の川人博（1998）による「過労自殺」概念の提唱がきわめて大きな影響を与えたということを確認した．次に，(2) 過労自死者がなぜ死に至るまで仕事を辞められなかったのかという点については，川人（1998），大野（2003），熊沢（2010）による3方向からの議論を概観した．3方向からの議論とは，①会社への忠誠心，②仕事倫理と環境の相互作用，③経済的不安というものであり，これらが組み合わさることで仕事を辞められない状況が構成されるということを確認した．

　ただし，過労自死と過労死の「違い」はどのような点にあるのかというこ

とについて，先行研究は明確な答えを提示できておらず，課題が残されていた．

そこで，（3）過労自死と過労死，双方の具体的な原因条件に焦点を定めて先行研究を整理し過労自死の特徴について仮説を提示することとした．その結果，「ノルマを達成できなかった」（ノルマの未達成）という出来事と，いやがらせ，ハラスメント等，職場における「人間関係上の問題」が，過労自死を特徴づける原因条件の有力な候補として浮かび上がった．そこから，過労自死を特徴づける原因条件として，次の3つの仮説を提示した．

仮説1　過労死と比較した場合の過労自死の特徴は，「ノルマの未達成」である．

仮説2　過労死と比較した場合の過労自死の特徴は，「人間関係上の問題」である．

仮説3　過労死と比較した場合の過労自死の特徴は，「ノルマの未達成」と「人間関係上の問題」の重複である．

第3章では，第2章で提示した仮説を検証し，過労自死に特有の原因条件を明らかにすることを試みた．分析対象は労災認定請求・損害賠償請求裁判に係る判例58件であり，分析方法はクリスプ集合論に基づく質的比較分析（csQCA）を用いた．

分析の結果，①過労自死と過労死を区別するもっとも基礎的な原因条件とは「ノルマを達成できなかった」という出来事であり，②そこに職場における「人間関係上の問題」と「婚姻関係」という原因条件が重なることで，過労死ではなく過労自死が生じやすくなることが明らかになった．とくに，中間解として示された結果 NR（「ノルマを達成できなかった」と「人間関係上の問題」が同時に存在）は，過労自死に特徴的な原因条件の組み合わせをコンパクトに表しているという点で，重要な結果であるものと考えられた．

上記の分析結果は，判例という限られた対象とそこに記された情報量に基づくものであるため，ただちに一般化してとらえることはできないが，これ

まで過労自死と呼ばれてきた現象が，通常の意味における過労，すなわち働きすぎによってではなく，ノルマ未達と人間関係上の問題によって特徴づけられるものであることを明らかにした点にオリジナリティを有する．この点が，本章の分析を通じて得られた重要な知見であることを強調しておきたい．

第4章では，第3章で行った質的比較分析の結果を踏まえ，（1）原因条件が当事者に経験されるプロセス，（2）原因条件が結果に与える心理的影響について，判例から3つの事例を参照しつつ検討した．

その結果，まず，（1）原因条件が当事者に経験されるプロセスについて，①「ノルマを達成できなかった」と「人間関係上の問題」の前後関係としては，相対的に「人間関係上の問題」が先行する場合が多いこと，②死亡時期が近づくにつれ，「ノルマを達成できなかった」と「人間関係上の問題」が重複する割合が高くなり，ほとんどの事案で死亡前1カ月以内に2つの原因条件が重複して経験されていることが確認された．

次に，（2）原因条件が結果へ与える具体的な影響について，「自殺の対人関係理論」を枠組みとして参照しつつ事例を検討し，①2つの原因条件が，「負担感の知覚」と「所属感の減弱」を促し，「自殺願望」を生成させていたこと，②2つの原因条件は，繰り返し経験されることにより当事者の否定的な自己認識を強化させる作用を持つ，ということを確認した．そして一連の過程は，スティグマが植えつけられるプロセスとしてとらえることができるものであり，当事者にとって自死は，スティグマ感による苦悩から逃れるために残された唯一の手段として決行された可能性があることを指摘した．

以上の質的比較分析と事例に基づく第4章の考察を通じて，過労自死に，「働きすぎ」とは異なる理由により生じる側面があることが再確認された．

第5章では，第4章までにみてきた過労自死の特徴，および発生のメカニズムが，判例以外の事例においても確認することができるかという点について検討した．参照した事例は2つであり，ひとつは筆者が行った自死遺族へのインタビュー記録，もうひとつは2005年に亡くなった男性自死者が遺した手記であった．

終章　結論と課題　167

　検討の結果，第4章までにみてきた過労自死の特徴，および発生のメカニ
ズムは，第5章でとりあげた2事例においても確認された．とりわけ，前者
の事例は震災を重要な契機とした特殊な事例であったが，自死に至るまでの
過程にこれまでの事例と同型のパターンを見出せた点が興味深く，後者の事
例は否定的自己認識をめぐる悪循環が，最終的に自死願望へと帰結する過程
を，当事者による心理状態の記述から確認できたことに意義が認められる．

　以上，本書では過労自死（過労自殺）の特徴と発生メカニズムについて，
質的比較分析と事例研究を通じて検討してきた．分析を通じて明らかとなっ
た主たる知見を端的に提示すると以下の2点となる．

　　知見1　過労自死と過労死を区別するもっとも基礎的な原因条件とは「ノ
　　　　　　ルマを達成できなかった」という出来事であり，そこに職場にお
　　　　　　ける「人間関係上の問題」という原因条件が重なることで，過労
　　　　　　死ではなく過労自死が生じやすくなる．

　　知見2　2つの原因条件（「ノルマを達成できなかった」と「人間関係上の
　　　　　　問題」）は繰り返し経験される過程で，「負担感の知覚」と「所属
　　　　　　感の減弱」を促し，「自殺願望」を生成させる．

　上記の知見の学術的意義と社会的（実践的）意義についてここで，改めて
確認しておきたい．まず，学術的意義については第2章で述べたとおり，こ
れまでの先行研究は過労死と過労自死の原因条件の違いを明確に区別できて
いなかった．これに対して，本書の知見1は，両者の違いを比較を通じて実
証的に明らかにしている点に学術的意義を有している．とくに重要なこと
は，単に特徴的な原因条件を明らかにするのみではなく，実際的に過労自死
がより生じやすくなる原因条件の組み合わせを明示できたことにあり，これ
はクリスプ集合論に基づく質的比較分析を用いたことによりもたらされた利
点であった．ただし，知見1は方法論上，2つの原因条件の重複がなぜ過労
自死を生じさせるのかという因果関係については説明することができなかっ

た．そのため，本書では事例に基づく検討を行い，2つの原因条件が自死を招来する蓋然性を確認した．その結果導かれたのが知見2であり，この知見が得られたことにより知見1の妥当性が確認されたのであった．

次に社会的（実践的）意義について，上記の知見は過労自死の予防を考えるうえで，職場における「ハラスメント」対策が重要であることを示唆している．過労自死の予防のために「ハラスメント」等にかかわる法的規制が必要であることはすでに指摘されているが（天笠 2007: 162; 川人 2014a: 199），本書の知見はその必要性をさらに明確に示すエビデンスとして社会的意義を有している[1]．また，実践的な過労自死対策としては「社会政策としての労働規制」（川人 2014a: 219）が重要であることも改めて強調しておきたい．本書でとりあげた事例でも，ほとんどの場合，長時間労働を伴っていたことが確認されていたからである．

ここで，以上の議論をより俯瞰的な視点からも振り返ってみたい．序章にて触れたように，社会学はこれまで自死を社会状態の指標としてとらえ，その分析を通じて社会的な危機の所在を明らかにしてきた．たとえば Durkheim は，当時の西欧社会における自死の分析を通じて，その背後に，前近代的な社会から近代社会への移行に伴う社会的統合の解体と混乱を読み取っていた（Durkheim 1897 = 1985）．こうした観点から振り返ったとき，過労自死の背後にはどのような事態を読み取ることができるだろうか．結論を先に述べるならば，それは，グローバリゼーションにより変化する職場の労働環境と，労働者の意識，および労働者をとりまく社会制度との間の「ミスマッチ」であるように思われる．

上記に示した過労自死の特徴・発生メカニズムは，ごく限られた事例から導かれたものであるが，個人の枠を超えた過労自死のパターンをモデル化して表している．とりあげた事例は氷山の一角にすぎないものの，そこには過重な職務と人間関係上の問題によって追い詰められ，否定的な自己認識を逃

---

1)　ハラスメント被害に対する日本の制度的な対応が欧米諸国に比べて遅れていることについても第3章に述べたとおりである（品田 2011: 大和田 2012）．

れようもなく植えつけられるというシチュエーションが，日本の労働の場に広く存在している可能性が示唆されている．大野正和はこうした状況を，助け合う余裕のない「代替のきかない状況」の蔓延と表現しており（大野2003），それはグローバリゼーションという，よりマクロな社会変動に応じて生じた労働の二極化の結果としてとらえられるものであった．

　しかし，問題は職場内の変化のみによって構成されているわけではない．すなわち，過労自死の当事者らはストレスフルな職場で追い詰められながらも，そこから離れるという選択肢を持ち合わせておらず，そのために八方ふさがりの状態に陥っていたのである．かりに，しかるべき時期にその職場を離れることができていたならば，異なる結果となったケースは少なくないように思われる．

　なぜ当事者は仕事を辞めることができないのか．この点について第2章では，①会社への忠誠心，②仕事倫理と環境の相互作用，③経済的不安，という3つの退職抑制要因があることを確認しておいた．これらのうち，本書にとりあげた事例では，①への該当は見受けられないが，②と③についてはそれぞれ退職抑制要因として影響を与えていたことが推認される．たとえば，②については，第4章でとりあげた3事例すべてに共通して認められ，彼らが達成困難な職務を投げ出さず，むしろ熱心に取り組むことで心身ともに追い詰められていく様子を確認してきた．もし，彼らの「仕事倫理」が妥協することを許すものであった（あるいは妥協することが許される環境であった）ならば，結果は異なるものとなっていた可能性もあるが，彼らは高い「仕事倫理」を有しているがゆえに，過重な職務を引き受け，仕事を辞めることができなかったものと考えられる．

　他方，③経済的不安については当事者から明示的に述べられることはなかったが，たとえばZ検査サービス株式会社Dの事例では，将来的に教育費等の支出が増えるという予想が退職を抑制する要因になっていたものと推察される．依然として年功的な賃金体系が維持されつつ，片や非正規雇用の割合は高まり続ける日本の労働市場において，十分な転職活動もできずに仕事を辞めることには大きなリスクが伴う．第2章第2節にとりあげた調査結

果（労働政策研究・研修機構 2007）も示すように，このような経済的な不安は程度の違いこそあれ，ほとんどの労働者に潜在的に存在しているものと考えられる．

　以上のように，これまでの議論を振り返ると，過労自死という現象の背後には，仕事量の偏在化や人間関係の悪化により職場内の圧力が高まる一方で，労働者の意識，ならびに労働者をとりまく社会制度は大きく変化せず，バランスを逸した状況が存在していることが読み取られる．上述した「ミスマッチ」とはこうした事態のことを指しており，そのことが仕事を辞めることの機会費用を高めているように思われる．

　その意味では，今後は「いかに仕事を辞めやすくするか」，ということも過労自死の予防を考えるうえでの検討課題になると考えられる．その際，人びとの意識について政策的に介入していくことには困難が予想され，また，そもそも介入する必要もないだろう．個々人がどのような意識，モチベーションをもって仕事に臨むかは自由であり，その自由は保障されるべきものだからである．しかし，経済的問題・社会制度については，雇用の流動化促進や積極的労働市場政策（柴田 2014）等の政策的介入により，現実的な改善を図ることができる可能性がある．

　もちろん，雇用の流動性が高まれば，必然的に収入の安定性は損なわれることとなるため，失業補償等のセーフティネット拡充も必須となる．安定した雇用・労働環境の構築，維持が望ましいことはいうまでもないが，いまなおグローバリゼーションが進むこんにちの情勢を鑑みれば，あえて退職・転職の機会費用を低減させるような社会的対策を講じる必要があると思われる．労働者の意識変革を求める前に，仕事を辞めることの機会費用を適正化し，安心して生活していくための環境条件を整えることが先決であるだろう[2]．

　とはいえ，社会制度にかかわるより具体的な議論ついては，さらなる検証が必要であり，今後，稿を改めて検討していくこととしたい．そのほか，本書には少なくない検討課題が残されており，主要なものを 3 点に絞り示しておきたい．

課題1 「どのような人が過労死ではなく，過労自死をするのか」，その答えをより客観的な手法から導くためには，「同じ原因条件を抱えていたが，過労自死・過労死どちらにもあてはまらなかった事例」を分析対象に加える必要がある．

課題2 本書では質的比較分析の結果に基づき事例を検討したため，事例をみる視点が限定的であり，第3変数的な形で過労自死に影響を与える重要な原因条件の存在を見落としている可能性がある．

課題3 本書の考察から得られた結果（知見）を一般化するためには，より多くの資料（事例）を収集し，体系的な手法に基づく分析を行う必要がある．

　これらのうち，課題1については比較的すぐに取り組むことが可能であり，今後早急に資料（判例）の整理に着手し，まずは本書と同様の手法（csQCA）を用いて分析を試みていきたい．次に課題2について，事例の分析枠組みが限定的となったことは，本書の問題設定上は妥当な方針であったものと思われる．質的比較分析は，そもそも複雑な現象の体系的比較を助けるための手法であり，視点の限定は，むしろそれを目的として実施した分析であった．その代償として事例の多様さを過度に単純化してしまうという懸念は，これまで質的比較分析（csQCA）にたびたび向けられてきた批判と同様，本書でもぬぐいきれてはいない．この課題については，抜本的な解決

---

2)　環境条件が変われば，人びとの労働に対する意識は自ずと変わっていくことが予想される．また，グローバリゼーションは世界的な傾向であるが，そのなかでなぜ日本においてこれほど過労自死が問題となっているのか．この点についてはこれまで述べてきたような日本の雇用環境やセーフティネットの問題と関連が深いものと思われるが，詳細は稿を改めて比較・検討していくことにしたい．なお，過労自死の問題は，近年日本のみならず諸外国においても問題化していることが報告されている（Hirigoyen 2001；森岡 2004）．

は困難であるものの，今後さらなる資料（事例）の収集と先行研究の精査を重ね，ファジィ集合を用いた質的比較分析（fsQCA）等の方法からアプローチを試みていきたい．最後に，課題3については，これも資料の制約によるところが大きいが，本書の知見の説得力を高めるためには重要な課題となる．今後は「過労死等防止対策推進法」の一環としてより詳細な資料の蓄積が期待されるところであるが，次善の策としては判例として公開されなかった裁判資料の収集等が考えられる．

　以上のように残されている課題は山積しており，本書は今後の研究に向けた始発点にすぎない．ひきつづき，実証的なエビデンスの構築を目指して研究に取り組んでいきたい．

付録 質的比較分析（第3章）による
分析結果の頑健性の確認

　以下に示すのは，(1) 第3章で実施した過労自死の質的比較分析について頑健性を確認するための分析結果，(2) 過労死の質的比較分析において「婚姻関係」のみに該当するケース3件を削除した場合の分析結果，(3) 過労死の質的比較分析に用いた真理表である．

　なお，表中のアルファベット表記は第3章と同じ原因条件，すなわち，L = 「長時間労働」，N = 「ノルマを達成できなかった」，R = 「人間関係上の問題」，M = 「婚姻関係」を表している．

(1) 過労自死の質的比較分析について頑健性を確認するための分析結果

　以下に示す①〜⑤の分析において，中間解を導くための条件指定は第3章の分析と同様であり，「長時間労働」，「人間関係上の問題」，「ノルマを達成できなかった」を Present，「婚姻関係」を Present or Absent に指定した．

① 区切り値を「0.75」から「1」に変更した場合の分析結果
　はじめに，区切り値を「0.75」から「1」に変更した場合の分析結果を提示していく．
　区切り値を「1」と設定すると，真理表における該当事例数のすべてが過労自死である場合のみ，結果が [1] となり，それ以外は [0] となる．これにより，分析結果として得られる縮約式は，論理的には結果現象（過労自死）が100%の確率で生起する因果関係を示すものとなる（あくまで本書で対象としたケース内のみでの確率である）．分析結果は表付-1 のとおりである．

174

表付-1　区切り値を「1」に変更した場合の過労自死の分析結果

	論理式	被覆度	一貫性
倹約解	*lN*	0.208	1.000
中間解	*lNm*	0.083	1.000
	lNR	0.083	1.000
複雑解	*lNrm*	0.083	1.000
	lNRM	0.083	1.000

　まず，一貫性については，すべての解で「1.000」となっているが，これは区切り値を「1」に設定したため，過労自死である場合のみを分析対象としていることから，当然の結果である．一方で被覆度については，中間解，複雑解でとりわけ低い値となっている．これも同じく区切り値を「1」としたことで，分析対象が制限されたことの影響を受けていると考えられる．

　分析結果のうち，倹約解は *lN*，すなわち「ノルマを達成できなかった」という条件が存在し，「長時間労働」が存在しない場合となった．ノルマの未達成の存在が析出されており，第3章で示した分析結果と実質的に共通した事態を指している．中間解で *NR*，複雑解で *NRM* を含む原因条件の組み合わせが析出されている点も同様であり，第3章の分析結果の頑健性が示されていると考えられる．

②　区切り値を「0.75」から「0.407」に変更した場合の分析結果

　続いて，区切り値を「0.407」とした場合の分析結果をみていく．

　「0.407」という値は事例全体に占める過労自死事例の比率である．具体的には，該当1件の事例を除いた事例数が54件，そのうち，過労自死が22件であり，ここから過労自死事例の全体に占める割合を計算すると「0.407」となる．このような区切り値の設定方法は質的比較分析においてもっともシ

付録　質的比較分析（第3章）による分析結果の頑健性の確認　175

表付-2　区切り値を0.407に変更した場合の過労自死の分析結果

	論理式	被覆度	一貫性
	N	0.583	0.824
倹約解	lR	0.208	0.714
	lm	0.125	0.750
	NR	0.417	0.833
中間解	lR	0.208	0.714
	lm	0.125	0.750
	NRM	0.417	0.909
複雑解	lRM	0.208	0.714
	lrm	0.125	0.750

ンプルな手法として一般的に用いられている（鹿又ほか編 2012）．分析結果は表付-2 のとおりである．

　まず，倹約解は，被覆度および一貫性がともに高いものとして，N，すなわちノルマの未達成という論理式が導出された．同様に，被覆度および一貫性が高い論理式に注目すると，中間解では NR，つまり「ノルマが達成できなかった」と「人間関係上の問題」が同時に存在する場合，複雑解では NRM，「ノルマを達成できなかった」，「人間関係上の問題」，「婚姻関係」が同時に存在する場合を示す論理式が導出された．これら3つの論理式は，区切り値を「0.75」に設定した場合の分析結果と共通しており，この結果からも第3章に示した分析結果の頑健性を読み取ることができる．

③ 原因条件に「配置転換」を追加した場合の分析結果

次に，原因条件を追加した場合の分析結果について確認していく．

表付-3 は，「配置転換」（I）という原因条件を追加した場合の分析結果である．「配置転換」は，仕事量の増加や人間関係上の変化といった事態を伴うことが予想され，過労自死に関係の深い原因条件のひとつとして比較的よく指摘されるものとなる（ストレス疾患労災研究会・過労死弁護団全国連絡会議 2000）．なお，中間解を導くための条件指定について，「配置転換」はPresent に指定した．

まず，倹約解は N，「ノルマを達成できなかった」という条件が析出された．次に，中間解としては，NR，Inm という 2 つの論理式が導き出された．これらのうち，より重要性が高いのは，被覆度の値から，NR，つまり「ノルマを達成できなかった」と「人間関係上の問題」が同時に存在する場合を指した論理式であると考えられる．倹約解が N，中間解が NR という結果は，原因条件に「配置転換」を追加する前の分析結果と同一である．

複雑解については 3 つの論理式が導き出されているが，被覆度に注目すると，$iNRM$ と $LNRM$ という 2 つの論理式が重要であると考えられる．これらの論理式にも NRM が含まれており，第 3 章で示した分析結果と共通点を

表付-3　原因条件に「配置転換（=I）」を加えた場合の過労自死の分析結果

	論理式	被覆度	一貫性
倹約解	N	0.583	0.824
中間解	NR	0.417	0.824
	Inm	0.083	1.000
複雑解	$iNRM$	0.333	0.889
	$LNRM$	0.333	0.889
	$IlNrm$	0.083	1.000

有したものとなっている.

また，本分析で追加した「配置転換」を含む論理式としては，中間解で *Inm* が，複雑解で *IlNrm* が析出された. しかし，いずれも被覆度が低く，この結果から，「配置転換」が過労自死に特有の原因条件であるとはいいがたいものと考えられる.

④ 原因条件に「人員不足」を追加した場合の分析結果

第2章で触れたように，現代社会ではグローバリゼーションの進展とともに，労働の量的・質的な二極化が進み，「代替のきかない状況」が生じている. これはより端的には人員不足の状態と読みかえることができるだろう. そのため，ここでは原因条件に「人員不足」を追加して分析を行った. 中間解を導くための条件指定について，「人員不足」は Present に指定した. 分析結果は表付-4のとおりである.

ここでも倹約解は *N* となり，中間解に *NR*，複雑解に *NRM* が含まれている. これは原因条件に「人員不足」を追加する前の分析結果と共通しており，第3章で示した分析結果の頑健性を確認することができる. また，「人員不足」(*H*) の存在を示す論理式が1つも導出されていないことから，「配置転換」同様，「人員不足」が過労自死に特有の原因条件であるとはいいがたいと考えられる.

表付-4 原因条件に「人員不足（＝H）」を加えた場合の過労自死の分析結果

	論理式	被覆度	一貫性
倹約解	*N*	0.583	0.824
中間解	*LNR*	0.333	0.800
複雑解	*hLNRM*	0.292	0.875

⑤　原因条件から「婚姻関係」を除外した場合の分析結果

第3章における分析では，「婚姻関係」を具体的な仕事上の出来事とは性質の異なる原因条件として投入していた．これは，「婚姻関係」の存在が，第3変数として過労自死に影響を及ぼしている可能性があるため投入したものであった．

しかし，ここでは，仕事上の出来事に関する原因条件に限定した場合の結果を確認するため，「婚姻関係」を除外して分析を実施した．分析結果を表付-5に示す．

倹約解，中間解，複雑解のいずれについても，被覆度が高いものとしては，NR が析出され，原因条件に「婚姻関係」を入れた場合の分析結果以上に，N と R の組み合わせの存在が目立つ結果となった．

表付-5　原因条件から「婚姻関係」を除外した場合の過労自死の分析結果

	論理式	被覆度	一貫性
倹約解	NR	0.417	0.833
	lN	0.208	1.000
中間解	NR	0.417	0.833
	lN	0.208	1.000
複雑解	NR	0.417	0.833
	lN	0.208	1.000

まとめ

以上，第3章で実施した過労自死の質的比較分析の頑健性を確認するために，区切り値を変更した場合（①②），原因条件を追加した場合（③④），原因条件を減らした場合（⑤）の，3種類の追加分析を行った．

その結果，いずれの分析結果においても，第3章で示した結果と同じく，

付録　質的比較分析（第3章）による分析結果の頑健性の確認　179

N「ノルマを達成できなかった」およびR「人間関係上の問題」という2つの原因条件が，過労死と比較した場合の過労自死に特有の原因条件の組み合わせとして析出されていた．これにより，第3章で示した分析結果が一定の頑健性を有していることが確認できたと考えられる．

(2)「婚姻関係」のみに該当する事例3件を除外した場合の 過労死の分析結果

　過労死の原因条件に関する分析においては，第3章第2節でみたように，「長時間労働」および「婚姻関係」の存在が目立つ結果となっていた．しかし，上述のとおりこれは「婚姻関係」のみに該当する事例3件すべてが過労死の事例であったことに強い影響を受けた結果であると考えられる．

　そこで，参考までに，「婚姻関係」を除外して分析を実施した．なお，中間解を導くための条件指定として，「長時間労働」，「人間関係上の問題」，「ノルマを達成できなかった」すべてをPresentに指定した．分析結果は表付-6のとおりである．

　「婚姻関係」のみに該当する事例3件を除いて分析を行った場合の結果は非常にシンプルなものとなった．倹約解，中間解，複雑解のいずれにおいても，「長時間労働」を含む論理式が導出されており，この結果から，過労自死と比較した場合の過労死に特有の原因条件は「長時間労働」であると考えることができる．

表付-6　原因条件から「婚姻関係」を除外した場合 の過労死の分析結果

	論理式	被覆度	一貫性
倹約解	Lr	0.618	0.840
中間解	Lr	0.618	0.840
複雑解	Lnr	0.588	0.870

(3) 過労死の質的比較分析に用いた真理表

最後に，上記過労死の質的比較分析を行うにあたり用いた真理表を示す．分析対象となる事例は第3章で示したものとまったく同じものであるが，区切り値の設定により結果（S）の件数や割合が変わるため，参考まで提示しておく．

表付-7　結果（過労死）を［1］とした場合の真理表

行	原因条件				結果 S	該当事例数	過労死件数	過労死の割合
	L	N	R	M				
1	0	0	0	1	1	3	3	1.000
2	1	0	0	1	1	12	11	0.917
3	1	0	0	0	1	11	9	0.818
4	1	0	1	1	0	3	2	0.667
5	1	0	1	0	0	5	3	0.600
6	0	0	0	0	0	2	1	0.500
7	0	0	1	1	0	5	2	0.400
8	1	1	1	1	0	9	1	0.111
9	0	1	0	0	0	2	0	0.000
10	0	1	1	1	0	2	0	0.000

L＝長時間労働，N＝ノルマを達成できなかった，R＝人間関係上の問題，M＝婚姻関係，S＝過労死，度数の閾値＝1（該当事例数1以下を削除）．

参考文献

阿部隆明, 2005, 「うつ病の症状構成——制止不安・焦燥, 自殺念慮を軸として」 広瀬徹也・内海健編『うつ病論の現在——精緻な臨床をめざして』星和書店, 25-47.

天笠崇, 2007, 『成果主義とメンタルヘルス』新日本出版社.

————, 2008, 『現代の労働とメンタルヘルス対策』かもがわ出版.

————, 2011, 『救える死——自死のない社会へ』新日本出版社.

Baudelot, Christian and Roger Establet, 2006, *Suicide: L'envers de notre monde*, Paris: Éditions du Seuil.（＝2012, 山下雅之・都村聞人・石井素子訳『豊かさのなかの自殺』藤原書店.）

Bauman, Zygmunt, 1998, *Work, consumerism and the new poor*, Buckingham: Open University Press.（＝2008, 伊藤茂訳『新しい貧困——労働, 消費主義, ニュープア』青土社.）

————, 2000, *Liquid modernity*, Cambridge: Polity Press.（＝2001, 森田典正訳『リキッド・モダニティ——液状化する社会』大月書店.）

Bertaux, Daniel, 1997, *Récits de Vie: Perspective Ethnosociologique*, Paris: Éditions NATHAN.（＝2003, 小林多寿子訳『ライフストーリー——エスノ社会学的パースペクティブ』ミネルヴァ書房.）

Beskow, Jan, 2010, "The Meaning of suicidality," Jairo Osorno, Leif Svanström and Jan Beskow eds., *Community Suicide Prevention*, Stockholm: Karolinska Institutet.

Besnard, Philippe, 1973, "Durkheim et les femmes ou le Suicide inachevé," *Revue française de sociologie*, 14（1）: 27-61.（＝1988, 杉山光信・三浦耕吉郎訳『デュルケムと女性, あるいは未完の『自殺論』——アノミー概念の形成と転変』新曜社.）

Cavan, Routh S., 1928, *Suicide*, Illinois: University of Chicago Press.

Chen, Joe, Yun J. Choi and Yasuyuki Sawada, 2009, "How is suicide different in Japan?," *Japan and the World Economy*, 21（2）: 140-50.

張賢徳, 2006, 『人はなぜ自殺するのか——心理学的剖検調査から見えてくるも

の』勉誠出版.

Davenport, Noa, Ruth D. Schwartz and Gail P. Elliott, 1999, *Mobbing: Emotional Abuse in the American Workplace*, Iowa: Civil Society Publishing. (＝2002, アカデミック NPO 監訳『職場いびり──アメリカの職場から』緑川出版.)

De Meur, Gisèle and Benoît Rihoux, 2009, "Crisp-Set Qualitative Comparative Analysis (csQCA)," Charles C. Ragin and Benoît Rihoux eds., *Configurational Comparative Methods: Qualitative Comparative Analysis (QCA) and Related Techniques*, Thousand Oaks: SAGE Publications, 33-68.

Douglas, Jack D., 1967, *The Social Meanings of Suicide*, New Jersey: Princeton University Press.

Durkheim, Emile, 1897, *Le suicide: étude de sociologie*, Paris: Les Presses universitaires de France. (＝1985, 宮島喬訳『自殺論』中公文庫.)

江頭大蔵, 2007, 「危険社会の理論と日本の自殺」『日仏社会学会年報』17：121-39.

─────, 2010, 「過労自殺とデュルケームの自殺類型論について」『社会分析』37：27-45.

江頭説子, 2007, 「社会学とオーラルヒストリー──ライフ・ヒストリーとオーラル・ヒストリーの関係を中心に」『大原社会問題研究所雑誌』585：11-32.

Engels, Friedrich, 1845, *Die Lage der arbeitenden Klasse in England*, Leipzig: Verlag Otto Wigand. (＝2000, 浜林正夫訳『イギリスにおける労働者階級の状態（上)』新日本出版社.)

Farber, Maurice L., 1968, *Theory of Suicide*, New York: Funk & Wagnalls. (＝1977, 大原健士郎・勝俣暎史訳『自殺の理論──精神的打撃と自殺行動』岩崎学術出版社.)

Fraser, Jill A., 2002, *White-Collar Sweatshop: The Deterioration of Work and Its Rewards in Corporate America*, New York: Norton. (＝2003, 森岡孝二監訳『窒息するオフィス──仕事に強迫されるアメリカ人』岩波書店.)

藤本正, 1996, 『ドキュメント「自殺過労死」裁判──24歳夏　アドマンの訣別』ダイヤモンド社.

藤澤三佳, 「スティグマとアイデンティティに関する一考察──精神疾患者会の会報の分析から」『社会学評論』42（4)：374-89.

布施豊正, 1985, 『自殺と文化』新曜社.

─────, 1991, 『死の横顔──なぜ, 彼らは自殺したのか』誠信書房.

玄田有史, 2005, 『働く過剰——大人のための若者読本』NTT 出版.

Giddens, Anthony, 1977, *Studies in Social and Political Theory*, New York: Basic Books. (＝1986, 宮島喬ほか訳『社会理論の現代像』みすず書房.)

Goffman, Erving, 1963, *Stigma: Notes on the Management of Spoiled Identity*, New Jersey: Prentice-Hall. (＝2012, 石黒毅訳『スティグマの社会学——烙印を押されたアイデンティティ』せりか書房.)

原田實・安井恒則・黒田兼一編, 2000, 『新・日本的経営と労務管理』ミネルヴァ書房.

働く者のメンタルヘルス相談室, 2010, 「片山飛佑馬のページ」, (2013 年 12 月 19 日取得, http://mhl.or.jp/hiyumapeji.htm).

林直樹, 2007, 『リストカット』講談社現代新書.

Hirigoyen, Marie-France, 1998, *LE HARCELEMENT MORAL: La violence perverse au quotidian*, Paris: Syros. (＝1999, 高野優訳『モラル・ハラスメント——人を傷つけずにはいられない』紀伊國屋書店.)

————, 2001, *MALAISE DANS LE TRAVAIL, harcèlement moral: démêler le vrai du faux*, Paris: Syros. (＝2003, 高野優訳『モラル・ハラスメントが人も会社もダメにする』紀伊國屋書店.)

広島地判平成 25 年 1 月 30 日 (LEX/DB 文献番号 25500317)

広田研二, 2000, 『この命守りたかった——検証／木谷公治君の過労自殺』かもがわ出版.

井出裕久, 2004, 「過労死」高原正興ほか編『病める関係性——ミクロ社会の病理』学文社.

伊原亮司, 2013, 「労働にまつわる死の変化と問題の所在——死傷, 過労死から自殺へ」『現代思想』41 (7)：110-28.

飯島千恵子・故飯島盛さんの労災認定を支援する会編, 2003, 『たんぽぽ——過労自殺を労災認定させた家族と支えた人々』かもがわ出版.

稲村博, 1995, 『徹底検証！ 自殺のメカニズム——生きる絆を求めて』創森出版.

稲村圭, 2003, 『若手銀行員が見た銀行内部事情』星雲社.

Inglehart, Ronald, 1997, *Modernization and Postmodernization: Cultural, Economic, and Political Change in 43 Societies*, New Jersey: Princeton University Press.

————, 2000, "Globalization and Postmodern Values," *The Washington*

Quarterly, 23（1）: 215-28,（Retrieved November 29, 2015, http://csis.org/files/publication/twq_00Winter_inglehart.pdf）.

井上達夫, 1995,「個人権と共同性――『悩める経済大国』の倫理的再編」加藤寛孝編『自由経済と倫理』成文堂.

石田淳, 2010,「テーマ別研究動向（質的比較分析研究〔QCA〕）」『社会学評論』61（1）: 90-9.

――――, 2017, 『集合論による社会的カテゴリー論の展開――ブール代数と質的比較分析の応用』勁草書房.

石原明子, 2003,「統計からみる日本の自殺――人口動態統計, 人口動態職業・産業別統計より」『精神保健研究』49: 13-26.

伊藤公雄, 1993,『＜男らしさ＞のゆくえ――男性文化の文化社会学』新曜社.

岩崎健二, 2008,「長時間労働と健康問題――研究の到達点と今後の課題」『日本労働研究雑誌』575: 39-48.

岩田一哲, 2013,「過労自殺のプロセスに関する分析枠組みの提示――ストレス研究との関係から」『人文社会論叢（社会科学篇）』30: 1-27.

岩田正美, 2008,『社会的排除――参加の欠如・不確かな帰属』有斐閣.

Jarosz, Maria, 1997, *Samobójstwa*, Warszawa: PWN.（＝2008, 石川晃弘・石垣尚志・小熊信訳『自殺の社会学――ポーランド社会の変動と病理』学文社.）

Joiner, Thomas E., Kimberly A. Van Orden, Tracy K. Witte and M. David Rudd, 2009, *The Interpersonal Theory of Suicide: Guidance for Working With Sucidal Clients*, Nebraska: American Psychological Association.（＝2011, 北村俊則訳『自殺の対人関係理論――予防・治療の実践マニュアル』日本評論社.）

城繁幸, 2004,『内側から見た富士通――「成果主義」の崩壊』光文社.

鹿又伸夫・野宮大志郎・長谷川計二編, 2001,『質的比較分析』ミネルヴァ書房.

河西千秋, 2009,『自殺予防学』新潮社.

樫村愛子, 2007,『ネオリベラリズムの精神分析――なぜ伝統や文化が求められるのか』光文社.

片山飛佑馬, 2006,「アパシー」『三田文学』85（87）: 6-44.

加藤敏, 2013,『職場結合性うつ病』金原出版.

川人博, 1992,『過労死社会と日本――変革へのメッセージ』花伝社.

――――, 1998,『過労自殺』岩波書店.

――――, 2005,「過労死と法社会学」『法社会学』62: 134-38.

――――, 2012,「過労死・過労自殺の現状分析と政策的対応」『社会政策』4

（2）：19-27.

———，2014a，『過労自殺　第二版』岩波書店.

———，2014b，「視点・論点　『過労自殺をなくすために』」，NHK 解説委員会，（2015 年 11 月 24 日取得，http://www.nhk.or.jp/kaisetsu-blog/400/198071.html）.

警察庁，2011，「平成 23 年中における自殺の状況」，（2012 年 11 月 12 日取得，http://www.npa.go.jp/safetylife/seianki/H23jisatsunojokyo.pdf）.

———，2012，「平成 24 年中における自殺の状況」，（2013 年 12 月 19 日取得，http://www8.cao.go.jp/jisatsutaisaku/toukei/pdf/h24joukyou/2.pdf）.

吉川徹，1998，「性別役割分業意識の形成要因——男女比較を中心に」尾嶋史章編『ジェンダーと階層意識』1995 年 SSM 調査研究会，49-70.

北健一，2017，『電通事件　なぜ死ぬまで働かなければならないのか』旬報社.

北川隆吉編，1963，『現代社会学講座Ⅳ——疎外の社会学』有斐閣.

北中淳子，2009，「『正常な悲哀』と『病的な絶望』の狭間で——うつ病と自殺の医療人類学」神庭重信・黒木俊秀編『現代うつ病の臨床——その多様な病態と自在な対処法』創元社，29-41.

———，2014，『うつの医療人類学』日本評論社.

北澤毅，2015，『「いじめ自殺」の社会学——「いじめ問題」を脱構築する』世界思想社.

駒田陽子・野口博文・石原明子，2003，「自殺と遺書」『精神保健研究』49：75-9.

小森田龍生，2011，「自殺動機の社会学的分析——自殺者と自殺未遂者のフインドキュメントから」『専修社会学』23：1-10.

———，2012，「若年～中堅層の自殺増加傾向に関する社会学的分析——経済・労働環境と自尊感情の視点から」『専修社会学』24：87-102.

———，2013a，「2000 年代の高自殺リスク群と男女差——既存統計資料の整理と課題抽出に向けて」『専修人間科学論集社会学編』3（2）：117-26.

———，2013b，『若年～中堅層の自殺増加傾向に関する課題抽出と若干の考察』平成 24 年度大妻女子大学人間生活文化研究所共同研究プロジェクト研究報告書，大妻女子大学人間生活文化研究所.

———，2014，「自死者の主観的認識に関する事例的研究——2005 年に亡くなった若年男性が残した手記から」『自殺予防と危機介入』34（1）：67-74.

———，2016，「過労自殺を過労死から分ける条件——判例を用いた質的比較

分析（QCA）の試み」『理論と方法』31（2）：211-25.

小西康之, 2011,「過労自殺労働者の遺族に対する使用者の損害賠償と弔慰金の支払——九電工事件（福岡地判平成21年12月2日労判999号14頁）」『季刊労働法』233：104-16.

神戸地判平成25年6月12日（LEX/DB文献番号25501359）

高坂正顕・臼井二尚編, 1966,『日本人の自殺』創文社.

厚生労働省, 1990,「1989年人口動態統計」,（2016年4月16日取得, http://www.e-stat.go.jp/SG1/estat/List.do?lid=000001128391）.

————, 1993,「1992年人口動態統計」,（2016年4月16日取得, http://www.e-stat.go.jp/SG1/estat/List.do?lid=000001115227）.

————, 1996,「1995年人口動態統計」,（2016年4月16日取得, http://www.e-stat.go.jp/SG1/estat/List.do?lid=000001106333）.

————, 1998,「1997年人口動態統計」,（2016年4月16日取得, http://www.e-stat.go.jp/SG1/estat/List.do?lid=000001101171）.

————, 2000,「1999年人口動態統計」,（2016年4月16日取得, http://www.e-stat.go.jp/SG1/estat/List.do?lid=000001101316）.

————, 2001,「脳・心臓疾患の認定基準の改正について」,（2014年7月23日取得, http://www.mhlw.go.jp/houdou/0112/h1212-1.html）.

————, 2003,「2002年人口動態統計」,（2016年4月16日取得, http://www.e-stat.go.jp/SG1/estat/List.do?lid=000001101496）.

————, 2004,「2003年人口動態統計」,（2016年4月16日取得, http://www.e-stat.go.jp/SG1/estat/List.do?lid=000001101616）.

————, 2005,「自殺死亡統計の概況　人口動態統計特殊報告」,（2012年11月12日取得, http://www.mhlw.go.jp/toukei/saikin/hw/jinkou/tokusyu/suicide04/index.html）.

————, 2007,「2006年人口動態統計」,（2016年4月9日取得, http://www.e-stat.go.jp/SG1/estat/List.do?lid=000001101804）.

————, 2009,「2008年人口動態統計」,（2016年4月16日取得, http://www.e-stat.go.jp/SG1/estat/List.do?lid=000001101908）.

————, 2010,「2009年人口動態統計」,（2016年4月9日取得, http://www.e-stat.go.jp/SG1/estat/List.do?lid=000001101598）.

————, 2011,「心理的負荷による精神障害の認定基準について」,（2014年7月23日取得, http://www.mhlw.go.jp/bunya/roudoukijun/rousaihoken04/dl/

120118a.pdf).

―――, 2012a, 「2011 年人口動態統計」, (2016 年 4 月 4 日取得, http://www.e-stat.go.jp/SG1/estat/List.do?lid=000001101884).

―――, 2012b, 「職場のパワーハラスメントに関する実態調査報告書」, (2016 年 2 月 14 日取得, http://www.mhlw.go.jp/stf/houdou/2r9852000002qx6t-att/2r9852000002qx9f.pdf).

―――, 2012c, 「職場のいじめ・嫌がらせ問題に関する円卓会議ワーキング・グループ報告」, (2015 年 1 月 9 日取得, http://www.mhlw.go.jp/stf/shingi/2r98520000021hkd-att/2r98520000021hlu.pdf).

―――, 2013, 「2012 年人口動態統計」, (2016 年 4 月 9 日取得, http://www.e-stat.go.jp/SG1/estat/NewList.do?tid=000001028897).

―――, 2014a, 「平成 26 年 11 月 1 日より, 過労死等防止対策推進法が施行されます」, (2014 年 11 月 1 日取得, http://www.mhlw.go.jp/stf/seisakunitsuite/bunya/0000053525.html).

―――, 2014b, 「平成 25 年度『脳・心臓疾患と精神障害の労災補償状況』を公表」, (2015 年 5 月 30 日取得, http://www.mhlw.go.jp/stf/houdou/0000049293.html).

―――, 2015a, 「労働力調査」, (2016 年 1 月 31 日取得, http://www.stat.go.jp/data/roudou/sokuhou/4hanki/dt).

―――, 2015b, 「『パワーハラスメント対策導入マニュアル』を初めて作成しました」, (2016 年 2 月 13 日取得, http://www.mhlw.go.jp/stf/houdou/0000084876.html).

―――, 2015c, 「平成 26 年度『過労死等の労災補償状況』を公表」(2016 年 7 月 31 日取得, http://www. mhlw.go.jp/stf/houdou/0000089447.html).

―――, 2016, 「平成 28 年版過労死等防止対策白書」, (2017 年 12 月 20 日取得, http://www.mhlw.go.jp/wp/hakusyo/karoushi/16/dl/16-1.pdf).

―――, 2017, 「平成 29 年版過労死等防止対策白書」, (2017 年 12 月 20 日取得, http://www.mhlw.go.jp/wp/hakusyo/karoushi/17/dl/17-1.pdf).

熊野伸宏, 2005, 『死の欲動――臨床人間学ノート』新興医学出版社.

熊沢誠, 1997, 『能力主義と企業社会』岩波新書.

―――, 2010, 『働きすぎに斃れて――過労死・過労自殺の語る労働史』岩波書店.

黒木宣夫, 2004a, 「労災認定された自殺事案における長時間残業の調査」『産業

精神保健』12（4）：291-5.

―――，2004b，「自殺の労災補償と予防」『こころの科学』118：40-4.

京都地判平成 22 年 5 月 25 日（LEX/DB 文献番号 25442273）

牧野富夫監修，1998，『「日本的経営」の変遷と労使関係』新日本出版社.

松本寿昭，1992，「老年期の自殺とその家族的背景」『大妻女子大学家政系研究紀要』28：131-47.

―――，1996，「人口減少地域における自殺問題」『大妻女子大学家政系研究紀要』32：341-62.

―――，2000，「老年期の自殺とその家族的背景に関する社会病理的研究」『大妻女子大学家政系研究紀要』36：117-44.

―――，2003，「自殺死亡率の地域分布と心理・社会的要因に関する研究」『大妻女子大学家政系研究紀要』39：87-104.

―――，2005，「自殺の要因とその防止（予防）対策（日本の場合）―――社会学の立場から」『大妻女子大学家政系研究紀要』41：61-7.

―――，2008，『日本における自殺死亡率の地域分布―――市町村別の標準化死亡比（SMR）：1983〜1997』原人舎.

―――，2010，「自殺者の『こころ』を読む―――自殺者のライフヒストリー分析の視点」『大妻女子大学家政系研究紀要』46：155-63.

松本俊彦，2015，『もしも「死にたい」と言われたら―――自殺リスクの評価と対応』中外医学社.

三柴丈典，2015，「いじめ・ハラスメントの防止と法制度の課題」『労働の科学』70（3）：1.

見田宗介，1965a，『現代日本の精神構造』弘文堂.

―――，1965b，「『質的』なデータ分析の方法論的な諸問題」『社会学評論』15（4）：79-91.

―――，1996，『現代社会の理論』岩波新書.

―――，2008，『まなざしの地獄―――尽きなく生きることの社会学』河出書房新社.

宮本みち子，2002，『若者が《社会的弱者》に転落する』洋泉社.

宮坂純一，2002，『企業社会と会社人間』晃洋書房.

宮島喬，1979，『デュルケム―――自殺論』有斐閣.

水野谷武志，2004，「ジェンダー統計視点による労働時間分析―――『労働時間の二極化傾向』の再検討」『統計学』86：20-30，（2016 年 2 月 2 日取得，http://

www.jsest.jp/jp/Toukeigaku/journal/86toukeigaku/86_mizunoya.pdf).

本橋豊, 2006a, 『STOP！　自殺——世界と日本の取り組み』海鳴社.

————, 2006b, 『自殺が減ったまち——秋田県の挑戦』岩波書店.

森岡清美, 1993, 『決死の世代と遺書——太平洋戦争末期の若者の生と死〈補訂版〉』吉川弘文館.

森岡孝二, 1995, 『企業中心社会の時間構造』青木書店.

————, 2004, 「過労死・過労自殺をめぐる日米比較」『労働の科学』59（6）：343-6.

————, 2005, 『働きすぎの時代』岩波書店.

————, 2013, 『過労死は何を告発しているか——現代日本の企業と労働』岩波書店.

元森絵里子, 2012, 「『過労自殺』の社会学——法理論と制度運用に着目して」『年報社会学論集』25：168-79.

村澤和多里・山尾貴則・村澤真保呂, 2012, 『ポストモラトリアム時代の若者たち——社会的排除を超えて』世界思想社.

中澤誠・皆川剛, 2014, 『検証　ワタミ過労自殺』岩波書店.

名古屋地判平成 18 年 5 月 17 日（LEX/DB 文献番号 28111340）

南雲與志郎, 2006, 『過労自殺の原因分析——精神科医南雲與志郎鑑定意見書集』過労死弁護団全国連絡会議.

内閣府, 2012, 「平成 24 年版自殺対策白書」,（2016 年 4 月 9 日取得, http://www8.cao.go.jp/jisatsutaisaku/whitepaper/w-2012/html/index.html）.

————, 2014, 「平成 26 年版自殺対策白書」,（2016 年 4 月 9 日取得, http://www8.cao.go.jp/jisatsutaisaku/whitepaper/w-2014/html/index.html）.

内閣府経済社会総合研究所, 2006, 「自殺の経済社会的要因に関する調査研究報告書」,（2012 年 11 月 12 日取得, http://www.esri.go.jp/jp/archive/hou/hou020/hou18a-5.pdf）.

中久郎, 1965, 「社会学における自殺理論の検討」『社会学評論』15（4）：30-48.

中野次雄編, 2009, 『判例とその読み方　三訂版』有斐閣.

中澤誠・皆川剛, 2014, 『検証ワタミ過労自殺』岩波書店.

西園昌久, 2009, 「うつ病の多様性と力動的理解」神庭重信・黒木俊秀編『現代うつ病の臨床——その多様な病態と自在な対処法』創元社, 12-28.

野村正實, 2007, 『日本的雇用慣行——全体像構築の試み』ミネルヴァ書房.

落合恵美子, 1994, 『21 世紀家族へ——家族の戦後体制の見かた・超えかた』有

斐閣.

岡田尊司，2011，『働き盛りがなぜ死を選ぶのか──＜デフレ自殺＞への処方箋』角川書店.

岡村親宜，2002，『過労死・過労自殺救済の理論と実務──労災補償と民事責任』旬報社.

大野正和，2003，『過労死・過労自殺の心理と職場』青弓社.

大和田敢太，2014，『職場のいじめと法規制』日本評論社.

Persons, Talcott, 1937, *The Structure of Social Action: A Study in Social Theory with Special Reference to a Group of Recent European Writers*, New York: McGraw Hill.（＝1982，稲上毅・厚東洋輔訳『社会的行為の構造／デュルケーム論（第3分冊）』木鐸社.）

Picken, Stuart D. B., 1979, *Suicide: Japan and the West*, Tokyo: The Simul Press.（＝1980,『日本人の自殺──西欧との比較』サイマル出版会.）

Pinguet, Maurice, 1984, *La mort volontaire au Japon*, Paris: Gallimard.（＝2011，竹内信夫訳『自死の日本史』講談社.）

Plummer, Ken, 1983, *Documents of Life*, London: George Allen & Unwin.（＝1991，原田勝弘監訳『生活記録の社会学──方法としての生活史研究案内』光生館.）

────, 1995, *Telling Sexual Stories: Power, Change and Social Worlds*, London: Routledge.（＝1998，桜井厚ほか訳『セクシュアル・ストーリーの時代』新曜社.）

Poggi, Gianfranco, 1972, *Images of Society: Essays on the Sociological Theories of Tocqueville, Marx, and Durkheim*, California: Stanford University Press.（＝1986，田中治男・宮島喬訳『現代社会理論の源流──トクヴィル，マルクス，デュルケム』岩波書店.）

Pope, Alice W., Susan M. McHale and W. Edward Craighead, 1988, *Self-Esteem Enhancement with Children and Adolescents*, New York: Pergamon Press.（＝1992，高山巌・佐藤正二・佐藤容子・前田健一訳『自尊心の発達と認知行動療法──子どもの自信・自立・自主性をたかめる』岩崎学術出版社.）

Ragin, Charles C., 1987, *The Comparative Method: Moving Beyond Qualitative and Quantitative Strategies*, California: University of California Press.（＝1993，鹿又伸夫監訳『社会科学における比較研究──質的分析と計量的分析の統合にむけて』ミネルヴァ書房.）

────, 2008, *Redesigning Social Inquiry: Fuzzy Sets and Beyond*, Chicago:

University of Chicago Press.

労働政策研究・研修機構, 2007, 「若年者の離職理由と職場定着に関する調査」, （2016 年 1 月 31 日取得, http://www.jil.go.jp/institute/research/2011/documents/085.pdf).

――――, 2011, 「年次有給休暇の取得に関する調査」, （2016 年 1 月 31 日取得, http://www.jil.go.jp/institute/research/2007/documents/036.pdf).

――――, 2014, 「『第 2 回日本人の就業実態に関する総合調査』結果」, （2016 年 2 月 14 日取得, http://www.jil.go.jp/press/documents/20141125.pdf).

最高裁昭和 50 年 10 月 24 日判決・民集 29 巻 9 号 1417 頁.

斎藤清二, 2014, 「エビデンスの観点から見た『うつ病』と『自殺』の関係」『季刊ほけかん』64, （2015 年 11 月 29 日取得, http://www3.u-toyama.ac.jp/health/hokekanNo64.pdf).

斉藤貴男, 2009, 『強いられる死――自殺者三万人の実相』角川学芸出版.

佐久間大輔, 2010, 『労災・過労死の裁判』日本評論社.

――――, 2015, 『精神疾患・過労死（第 2 版)』中央経済社.

桜井厚, 2002, 『インタビューの社会学――ライフストーリーの聞き方』せりか書房.

佐藤俊樹, 2000, 『不平等社会日本』中央公論新社.

澤田康幸・上田路子・松林哲也, 2013, 『自殺のない社会へ――経済学・政治学からのエビデンスに基づくアプローチ』有斐閣.

盛山和夫, 2011, 『社会学とは何か――意味世界への探究』ミネルヴァ書房.

Shea, Christopher S., 1999, *The Practical Art of Suicide Assessment: A Guide for Mental Health Professionals and Substance Abuse Counselors*, New Jersey: John Wiley Sons.（＝2012, 松本俊彦監訳『自殺リスクの理解と対応――「死にたい」気持ちにどう向き合うか』金剛出版.）

芝伸太郎, 2002, 『うつを生きる』ちくま新書.

柴田悠, 2014, 「自殺率に対する積極的労働市場政策の効果――OECD26 ヵ国 1980〜2007 年のパネルデータ分析」『社会学評論』65（1）：116-33.

志賀文哉, 2002, 「身体障害とスティグマの様相――ハンセン病研究の一考察」『社会福祉学』43（1）：165-75.

清水新二, 2013, 「なぜ“自殺”でなく“自死”なのか――言葉の置換え効果」『創造的教育＝福祉＝人間研究』2：87-101.

新・日本的経営システム等研究プロジェクト編, 1995, 『新時代の「日本的経営」

──挑戦すべき方向とその具体策』日本経営者団体連盟.

品田充儀, 2011, 「『職場のいじめ』の定義と被害者救済──北米における労働安全衛生法と救済立法からの示唆」『季刊労働法』233：90-103.

Shneidman, Edwin S. and Norman L. Farberow, 1957, *Clues to Suicide*, New York: Mc Graw-Hill.（＝1968, 大原健士郎ほか訳『自殺に関する十八章』誠信書房.）

Shneidman, Edwin S., 1985, *Definition of Suicide*, New Jersey: John Wiley Sons.（＝1993, 白井徳光ほか訳『自殺とはなにか』誠信書房.）

総務省, 2012, 「労働力調査（基本集計）都道府県別結果」,（2012 年 11 月 12 日取得, http://www.stat.go.jp/data/roudou/pref/index.htm）.

────, 2013, 「平成 24 年就業構造基本調査」,（2016 年 2 月 2 日取得, https://www.e-stat.go.jp/SG1/estat/GL08020103.do;jsessionid=KsvJXBJM62G0xK8bjJ3sZ55PhWCxqpW2p6kyCQkHbwGXbpBxTNJd! 305611526! 331520188? _xlsDownload_&fileId=000006818250&releaseCount=1）.

Stengel, Erwin, 1964, *Suicide and Attempted Suicide*, Maryland: Penguin Books.（＝1974, 田多井吉之助訳『人間はなぜ自殺をするか──生命の尊さを知るために』講談社.）

末木新, 2013, 『自殺予防の基礎知識──多角的な視点から自殺を理解する』デザインエッグ社.

末繁久子, 1983, 「自殺の現代的諸相」那須宗一編『現代病理の社会学』学文社.

菅野和夫・奥山明良, 1983, 「石油危機後の雇用政策」日本労働協会編『80 年代の労使関係』日本労働協会.

杉尾浩規, 2012, 「自殺の人類学に向けて──『個人』を巡る理論的問題」『年報人類学研究』2,（2015 年 11 月 29 日取得, http://www.ic.nanzan-u.ac.jp/JINRUIKEN/publication/pdf/nenpo2011/03_Sugio.pdf）.

須原一秀, 2008, 『自死という生き方──覚悟して逝った哲学者』双葉社.

ストレス疾患労災研究会・過労死弁護団全国連絡会議, 2000, 『激増する過労自殺──彼らはなぜ死んだか』皓星社.

高橋祥友, 1992, 『自殺の危険──臨床的評価と危機介入』金剛出版.

────, 1997, 『自殺の心理学』講談社.

────, 2007, 『新訂増補　自殺の危険──臨床的評価と危機介入』金剛出版.

竹島正, 2011, 「自殺対策における自殺とは何か」『精神経誌』113（1）：70-3.

富田義典, 2011, 「ME 化──『ME 革命』・『IT 革命』とは労働にとって何で

あったか」『日本労働研究雑誌』609：30-3.

冨高辰一郎，2011，『うつ病の常識はほんとうか』日本評論社.

筒井末春，2004，『うつと自殺』集英社.

上畑鉄之丞・天笠崇，2006，「過労自殺事例からみた自殺要因にかかわる研究」『社会医学研究』24：1-10.

上畑鉄之丞・田尻俊一郎編，1982，『過労死——脳・心臓系疾病の業務上認定と予防』労働経済社.

上野千鶴子，1990，『家父長制と資本制——マルクス主義フェミニズムの地平』岩波書店.

————，2011，『ケアの社会学——当事者主権の福祉社会へ』太田出版.

上野千鶴子編，2005，『脱アイデンティティ』勁草書房.

山田光彦，2015，「自殺予防研究の現状と課題」『自殺予防と危機介入』36（1）：1-17.

山田陽子，2013，「自死の『動機の語彙』としての『うつ病』——労災保険における『自死＝病死＝災害死』という構図」『現代思想』41（7）：81-97.

山下雅之，2013，「自殺の社会学的課題」『現代思想』41（7）：215-25.

湯浅誠，2008，『反貧困——「すべり台社会」からの脱出』岩波新書.

Verb，2000，『遺書』サンキュチュアリ出版.

World Health Organization, 2000, "Preventing suicide: A resource for general physicians," Geneva: World Health Organization, （Retrieved November 15, 2015, http://www.who.int/mental_health/media/en/56.pdf）.

World Health Organization, 2012, "Suicide rates per 100,000 by country, year and sex （Table）. Most recent year available; as of 2011," Geneva: World Health Organization, （Retrieved October 22, 2012, http://www. who. int/mental_health/prevention/suicide_rates/en）.

全国過労死を考える家族の会編，1991，『日本は幸福か——過労死・残された50人の妻たちの手記』教育史料出版会.

質的比較分析に用いた判例一覧

過労死

神戸地判平成 12 年 3 月 24 日（LEX/DB 文献番号 28060663）

横浜地判平成 13 年 2 月 8 日（LEX/DB 文献番号 28062327）

大阪地判平成 13 年 2 月 19 日（LEX/DB 文献番号 25410684）

札幌地判平成 13 年 10 月 1 日（LEX/DB 文献番号 28070137）

大阪地判平成 14 年 2 月 25 日（LEX/DB 文献番号 28071798）

東京地判平成 14 年 2 月 27 日（LEX/DB 文献番号 28071508）

大阪地判平成 14 年 4 月 15 日（LEX/DB 文献番号 28090102）

岡山地判平成 14 年 12 月 24 日（LEX/DB 文献番号 28081048）

大阪地堺支判平成 15 年 4 月 4 日（LEX/DB 文献番号 28081820）

宇都宮地判平成 15 年 8 月 28 日（LEX/DB 文献番号 28082630）

東京地判平成 15 年 10 月 22 日（LEX/DB 文献番号 28091054）

大阪地判平成 16 年 8 月 30 日（LEX/DB 文献番号 28100158）

広島高岡山支判平成 16 年 12 月 9 日（LEX/DB 文献番号 28100950）

札幌地判平成 17 年 3 月 9 日（LEX/DB 文献番号 28100723）

和歌山地判平成 17 年 4 月 12 日（LEX/DB 文献番号 28101776）

東京地判平成 17 年 5 月 26 日（LEX/DB 文献番号 28110725）

大分地判平成 18 年 6 月 15 日（LEX/DB 文献番号 28112176）

大阪地判平成 18 年 9 月 6 日（LEX/DB 文献番号 28130392）

名古屋地判平成 19 年 10 月 5 日（LEX/DB 文献番号 28140201）

名古屋地判平成 19 年 11 月 30 日（LEX/DB 文献番号 28140486）

さいたま地判平成 19 年 12 月 5 日（LEX/DB 文献番号 28140615）

東京地判平成 20 年 6 月 4 日（LEX/DB 文献番号 25450035）

東京地判平成 20 年 6 月 25 日（LEX/DB 文献番号 25450034）

東京地判平成 21 年 3 月 25 日（LEX/DB 文献番号 25451802）

広島高松江支判平成 21 年 6 月 5 日（LEX/DB 文献番号 25451801）

鳥取地判平成 21 年 10 月 16 日（LEX/DB 文献番号 25463011）

大阪地判平成 21 年 12 月 21 日（LEX/DB 文献番号 25441602）

東京地判平成 22 年 1 月 18 日（LEX/DB 文献番号 25464314）
東京地判平成 22 年 3 月 15 日（LEX/DB 文献番号 25464070）
京都地判平成 22 年 5 月 25 日（LEX/DB 文献番号 25442273）
東京地判平成 23 年 2 月 17 日（LEX/DB 文献番号 25471109）
大阪地判平成 23 年 10 月 26 日（LEX/DB 文献番号 25480889）
東京地判平成 23 年 11 月 10 日（LEX/DB 文献番号 25473576）
神戸地判平成 25 年 3 月 13 日（LEX/DB 文献番号 25500941）

過労自死

広島地判平成 12 年 5 月 18 日（LEX/DB 文献番号 28051770）
盛岡地判平成 13 年 2 月 23 日（LEX/DB 文献番号 28062184）
名古屋地判平成 13 年 6 月 18 日（LEX/DB 文献番号 28070118）
神戸地判平成 14 年 3 月 22 日（LEX/DB 文献番号 28071013）
京都地判平成 17 年 3 月 25 日（LEX/DB 文献番号 28100774）
東京地判平成 17 年 3 月 31 日（LEX/DB 文献番号 28101600）
名古屋地判平成 18 年 5 月 17 日（LEX/DB 文献番号 28111340）
東京地判平成 18 年 11 月 27 日（LEX/DB 文献番号 28130938）
さいたま地判平成 18 年 11 月 29 日（LEX/DB 文献番号 28130603）
熊本地判平成 19 年 1 月 22 日（LEX/DB 文献番号 28130532）
東京地判平成 19 年 3 月 14 日（LEX/DB 文献番号 28131547）
福岡地判平成 19 年 6 月 27 日（LEX/DB 文献番号 28132339）
松山地判平成 20 年 7 月 1 日（LEX/DB 文献番号 28141919）
釧路地帯広支判平成 21 年 2 月 2 日（LEX/DB 文献番号 25451796）
名古屋地判平成 21 年 5 月 28 日（LEX/DB 文献番号 25451338）
福岡地判平成 21 年 12 月 2 日（LEX/DB 文献番号 25463307）
東京地判平成 23 年 2 月 28 日（LEX/DB 文献番号 25471119）
東京地判平成 23 年 3 月 25 日（LEX/DB 文献番号 25471129）
大阪高判平成 24 年 2 月 23 日（LEX/DB 文献番号 25480503）
広島地判平成 25 年 1 月 30 日（LEX/DB 文献番号 25500317）
大阪地判平成 25 年 3 月 6 日（LEX/DB 文献番号 25501556）
神戸地判平成 25 年 6 月 12 日（LEX/DB 文献番号 25501359）
神戸地判平成 25 年 6 月 25 日（LEX/DB 文献番号 25501699）
鳥取地米子支判平成 26 年 5 月 26 日（LEX/DB 文献番号 25504021）

図表一覧

序章
図序-1 Durkheim の自死 4 類型の位置関係 ………………………………… 4
図序-2 本書の構成図 ………………………………………………………… 11

第 1 章
図 1-1 自死者数の長期推移 ………………………………………………… 20
図 1-2 自死率の長期推移 …………………………………………………… 21
図 1-3 年齢階層別自死者数推移（男性）………………………………… 23
図 1-4 年齢階層別自死者数推移（女性）………………………………… 24
図 1-5 年齢階層別自死率推移（男性）…………………………………… 25
図 1-6 1998 年の値を 100 とした場合の年齢階層別自死率推移（男性）… 26
図 1-7 年齢階層別自死率推移（男女計）………………………………… 27
図 1-8 原因・動機別長期推移 ……………………………………………… 29
図 1-9 精神障害の労災請求件数推移 ……………………………………… 33
図 1-10 精神障害の労災請求件数推移（未遂を含む自死案件のみ）…… 33

第 2 章
図 2-1 1 週間の就業時間数の長期推移 …………………………………… 50
図 2-2 退職抑制の構造 ……………………………………………………… 56
表 2-1 先行研究で指摘されている過労死，過労自死の原因条件 ……… 65

第 3 章
表 3-1 過労死の職業別一覧 ………………………………………………… 81
表 3-2 過労自死の職業別一覧 ……………………………………………… 82
表 3-3 結果（過労自死）を［1］とした場合の真理表 ………………… 83
表 3-4 過労自死の分析結果 ………………………………………………… 84
表 3-5 過労死の分析結果 …………………………………………………… 86

Columm

表1　記述統計量 ･･･ 94

表2　ロジスティック回帰分析の結果 ･･････････････････････････････ 95

第4章

表4-1　Dの事例における各原因条件の発生時期 ････････････････････ 113

表4-2　Eの事例における各原因条件の発生時期 ････････････････････ 115

表4-3　Fの事例における各原因条件の発生時期 ････････････････････ 116

表4-4　NとRの複合事例（10件）における各原因条件の発生時期 ･･･････ 117

表4-5　先行研究で指摘されている「自殺願望」を高める代表的なリスク要因 ･･･ 122

第5章

表5-1　Jの事例における各原因条件の発生時期 ････････････････････ 146

付録

表付-1　区切り値を「1」に変更した場合の過労自死の分析結果 ･･･････････ 174

表付-2　区切り値を0.407に変更した場合の過労自死の分析結果 ･･････････ 175

表付-3　原因条件に「配置転換（＝I）」を加えた場合の過労自死の分析結果 ･･･ 176

表付-4　原因条件に「人員不足（＝H）」を加えた場合の過労自死の分析結果 ･･･ 177

表付-5　原因条件から「婚姻関係」を除外した場合の過労自死の分析結果 ･･･ 178

表付-6　原因条件から「婚姻関係」を除外した場合の過労死の分析結果 ･･････ 179

表付-7　結果（過労死）を「1」とした場合の真埋表 ････････････････････ 180

おわりに

　働きすぎの果てに自らの命を絶つ．いわゆる過労自死（過労自殺）は，その字義のとおり，長時間過重労働による疲労蓄積と精神疾患から生じる自死・労働災害であると認識されてきた．そして，そうした自死が生じる背景には，日本人の生真面目さ（メランコリー親和型の性格）や，集団主義的な文化・パーソナリティ，さらにより実体的な制度としての日本型雇用慣行の存在等が指摘されてきた（川人 1998; 芝 2002; 森岡 2005; 井原 2013）.

　すなわち，真面目で責任感が強い日本の労働者は，仕事とあらば，いかに困難な状況でも引き受け，途中で投げ出すことはできない．それは，自らの仕事に対する信念に反することであり，なによりも周囲へ迷惑をかけることであるから．また，新卒一括採用と年功賃金が根強く残る日本の労働市場では，現在の仕事を投げ出し転職を試みたところで，より良い条件の仕事にありつける可能性は低い．そうした社会的背景と不安が足かせとなり仕事を辞められず，疲れ果て，自らの命を絶つに至るのであろう．過労自死を対象とした研究に取り組み始める以前，筆者はほとんど確信的にそのようなイメージを持っていた．

　しかし，研究を進めるなかで見えてきたのは，過労自死とくくられている現象に，過労（働きすぎ）とは性質の異なる発生のメカニズムがあるのではないか，ということであった．それは，過労自死の，職場におけるいやがらせやハラスメントによる自死という側面である．

　そのことを意識するようになったきっかけは，筆者が大学院在籍中より続けてきた，遺族の方々への聞き取り調査であった．個人情報保護の都合上，そのすべてを収録することはできていないが，この聞き取りを通じて得られた気づきが本書の土台となっている．

いま，短く振り返ってみると，聞き取りは当事者が長時間過重労働によってどれほど追い詰められていたか，という話から始まることが多かった．ひと月に100時間前後の残業をしていたというケースは珍しくなく，200時間を超えるというケースもあった（なかにはそれ以上のケースもあると聞きおよぶ）．このようなケースでは休日出勤を強いられていることも多いが，週5日勤務と仮定すれば単純計算で1日に13〜18時間程度を職場で過ごしていたということになる．これに通勤時間を含めると仕事にかかわる拘束時間はさらに長くなり，十分な休息時間を確保できないことは容易に想像できる．これまでに言われてきたとおり，過労自死の背景に働きすぎ（働かされすぎ）があるということは明らかであり，これを否定するつもりはまったくない．

　ただ，筆者が行った聞き取りのなかで，長時間労働に関する話と同等の頻度であらわれ，かつ，遺族の方々がもっとも感情を込めて口にするのは，当事者が受けた職場におけるいやがらせやパワーハラスメントについてであった．およそ実現不可能なノルマを課し，その不達成を理由に繰り返される理不尽かつ執拗な叱責．上司からの不正の指示を拒否したことから始まった合理性を欠く配置転換，不慣れな作業を強いた上での叱責，人格否定を含んだ暴言．「私の夫はたしかに長時間労働によって過労自死（労災）と認定されました．でも，夫がもっとも苦しかったのは職場での人間関係，いやがらせであったと思っています」．そう話す遺族の悔しさや怒りのいりまじった表情が強く印象に残っている．

　遺族の方々の怒りは，大切な家族がハラスメントにあっていたということだけに向けられているのではない．一般的に，いやがらせやハラスメント等，職場における人間関係上の問題は，その性質上，事実の立証が難しく，裁判においても認められない，あるいはそもそも触れられないということがしばしば起きる．つまり，遺族としてはもっとも当事者を追い詰めたと認識しているハラスメント等の問題は，あたかも「無かった」かのように潜在化してしまうことがあるのである．そうして，その棘は片時も忘れえぬ痛みとして遺族の胸に残り続けることとなる．

過労自死と呼ばれている現象は，働きすぎによる疲労蓄積に加え，職場に
おける精神的な攻撃がより直接的な要因となっているのではないか．聞き取
りを重ねるごとにこの仮説を意識するようになった．もっとも，過労自死問
題において職場における人間関係上の問題が重要な要因であることは早くか
ら示唆されており，それほど目新しさがある着眼ではないだろう．また，こ
の仮説にあてはまらないケースがあることも承知している．さらに，この問
題においては，詳細な経緯や背景を踏まえて議論しなければ，ときに不要な
「犯人捜し」により加害者をつくりあげてしまうということも起きかねない
（三柴 2015）．

　それでも，聞き取りに応じてくれた遺族の方々が訴えるように，過労自死
のこの側面に対する社会的認識や法的救済の枠組みがいまだ十分に構築され
ていないことは，早急な対応を要する課題であると認識している．詳しくは
本文に述べたように，過労死，過労自死に関する議論を振り返ると，それは
長時間過重労働による突然死，あるいは自死により残された遺族の法的救済
にかかわってきた医師・弁護士らにより「発見」され，「問題提起」される
ことによって社会的な認知を獲得してきたという経緯がある．本書が目指し
たところもこれと同様である．現場の声と先行研究により示唆され，おそら
くは一般的にもうっすらと感知されている職場における人間関係上の問題と
自死の関連を明示することで，社会的な認識の向上と対策の構築を促す必要
がある．そのために，本書では，「過労自死＝働きすぎによる自死」という
「常識」を問い直し，過労自死と呼ばれている現象の過労とは異なる側面に
スポットを当ててきた．それが，本書における「問題提起」である．

　くしくも，2016 年に大手広告代理店の若手社員の自死問題が報道されて
以降，過労自死問題への関心が再燃し，時好の研究課題となっている．筆者
が上記の関心から開始した研究成果をひとつの論文（小森田 2016）として
学会誌に投稿したのは 2015 年 7 月であり，そのドラフトを作成したのは
2014 年初頭であった．当時，このような研究構想を話しても周囲からの反
応はいまひとつ薄かったものの，こんにちでは報道等において「パワハラ自

殺」というフレーズも頻繁に見かけるようになり，隔世の感がある．

けれども，筆者としてはこの問題が近い将来に焦点化するであろうということは，ある程度予想していたことでもあった．それは，フィールドを歩き，関係者の声に耳を傾けていれば誰もが抱きうる感覚であったように思われる．社会学的な学術研究としては理論的含意への期待に応えきれていないかもしれないが，現場から持ち帰ったリアリティをデータに基づいて検証し，社会現象の正確な理解と問題解決の糸口を探るということも，社会学に期待される重要な役割であると認識している．探究はこれからも続いていくのであり，本書がそのためのほんのわずかな一歩になればと思う．

そして，願わくは一日でも早く，このような研究が不要となる日がくればと思う．

謝辞

本書は，2016 年 4 月に専修大学に提出した筆者の博士論文に加筆修正を加え，平成 29 年度専修大学課程博士論文刊行助成を受けて出版するものである．

博士論文の執筆にあたり，指導教員の嶋根克己教授には論文構成や文章表現等細部にわたり非常に丁寧なご指導をいただいた．はじめに心から深くお礼を申し上げたい．また，ほかにも専修大学人間科学部社会学科の諸先生方には中間報告会や個別相談という形でたくさんの有益なコメントをいただいてきた．とりわけ，金井雅之教授には質的比較分析の方法論をはじめ実証研究の手法を丁寧に指導していただいた．記して感謝を申し上げたい．

上記のとおり，博士論文執筆にあたっては，多くの自死遺族の方々からお話を聞かせていただき，数え切れないほどの気づきを与えていただいた．とくに，複数回にわたり長時間のインタビューに応じてくださった T さんには深く感謝申し上げたい．本当にありがとうございました．また，自死遺族の方々に面会する機会を提供してくださったのは働く者のメンタルヘルス相談室理事長・伊福達彦氏である．この場を借りてお礼申し上げます．

書籍化にあたっては，専修大学出版局の真下恵美子氏に，丁寧な校正とア

ドバイス，および柔軟な日程調整により支えていただいた．さらに，会社員として多忙な日々を送るかたわら，筆者の求めにいつも快く応じ，幾度にもわたり原稿に目を通し助言をくれた友人のK氏にも心からお礼を申し上げたい．ありがとう．

索　引

3つの増加期　　19

Durkheim, E.　　2
K6　　92,93
QCA　　10
SSM 調査　　91,92

あ行

アノミー的自殺　　2
アパシー　　149
一貫性　　85
意味世界　　136,139
インタビュー調査の概要　　139
うつ病　　29,52,60
オンラインデータベース LEX/DB　　75

か行

会社への忠誠心　　51
会社本位的自殺　　53
解析ソフト　　78
解離仮説　　123
解離状態　　123
カヴァリング　　133
学術的意義　　68

可視化　　60
過重なノルマ　　62
仮説　　66
過労死　　40
過労死 110 番　　41,63
過労自死（過労自殺）　　35,59
過労自死の発生メカニズム　　40,51,113,
　　160,167
過労死等防止対策推進法　　48,59,75,138
頑健性　　86,173-175,178
機会費用　　170
企業規模　　80
勤務問題　　30,35,164
区切り値　　83
クリスプ集合論　　12,77,84,165
グローバリゼーション　　49
経済・生活問題　　28-30,35,164
経済的不安　　54
警察庁　　18
原因条件（causal condition）　　59,64-67,
　　73,74,78,79,90,99,131,174,176,178,
　　179
原因条件の重複　　91,100,118-120,132,
　　148,167
健康問題　　28,29,35
倹約解　　78,84,85,174-176,178

厚生労働省　18

コード化　73

コード化の基準　79

国民生活基礎調査　92

雇用の流動性　170

婚姻関係　79,88,178,179

さ行

裁判資料　74

自我理想と自己像のズレ　8

時間的前後関係　112

自己実現欲求　53

仕事自律性　93

仕事疲れ　30,35

仕事不満感　92

仕事倫理　53

自己本位的自殺　2,121

自殺学　121,151

自殺願望　120,167

自殺願望を生成　135

自殺潜在能力　120

自殺対策白書　19

自殺統計　18

自殺の経済社会的要因に関する調査研究報告書　5

自殺の対人関係理論　100,120,123,131,166

自殺論　5,163

自死念慮　60

自死の4類型　2,4

自死率　20

自尊感情　88

自損行為　43

質的比較分析（QCA）　10,73,78,90,99,164,165,167,173,174

社会化　9

社会状態の指標　2,163

社会的（実践的）意義　68

社会的統合　2

社会的背景　5

社会問題化　40,42

視野狭窄状態　134

視野の狭窄　121

集団本位的自殺　2,51

宿命的自殺　2

職場結合性うつ病　32,154

職場における人間関係上の問題　79

所属感の減弱　120,125,126,128,129,132,135,147,148,166,167

人員不足　177

人口動態統計　18

真理表　83,180

スティグマ　133,134

スティグマ化　156

スティグマ感　135,157,158,160,166

生産年齢　26

生産年齢に該当する男性　26,29,34,164

精神疾患　28

精神障害　31

精神的負荷　63,65,66

性役割意識　89

索 引 207

積極的労働市場政策　170

セレクション・バイアス　74,88,137

層化二段階無作為抽出法　92

相互作用システムへの参加　9

創造的個人主義　7

相対的剥奪　6

た行

第3の増加期　20,22,26,28,30,34

対象喪失　8

退職抑制要因　56

代替のきかない状況　54,118,177

頽落的ラセン運動　9

中間解　78,85,165,174-176,178

長時間労働　93,95,173,179

長時間労働+a　96

当事者の認識（意味世界）　134

な行

内閣府　19

二極化　49

肉体的負荷　63,65

二項ロジスティック回帰分析　92

人間関係上の問題　66,68,74,85,87,88,
　96,100,118,124,128,131,132,135,
　145-148,165,167,173,179

年齢階層別自死者数の推移　22

ノルマの未達成　66,68,96,119,125,
　128,131,147,165

ノルマ未達　84

ノルマを達成できない　146

ノルマを達成できなかった　66,68,79,
　85,87,88,132,135,148,165,167,173,
　179

は行

配置転換　176

パッシング　133

発生順序　100

ハラスメント　63,64,66,68,90,129,168

パワーハラスメント　121

判例　73,74,76

判例抽出　75

判例のコード化　78

否定的な自己認識　132,155,160,166

否定的な自己認識（スティグマ感）　137

否定的な自己評価　134

被覆度　85,175,176,178

ブール代数演算　73,77

複雑解　78,85,174,175,177,178

負担感の知覚　120,125,128,129,132,
　135,147,148,166,167

負のレッテル　133

平均勤続年数　80

法的救済　36

ま行

無意味の病　4

無価値感　122

無限の病　4

矛盾を含む行　83

メンタルヘルス　91

モラルハラスメント　69

ら行

倫理的配慮　140

労災請求件数　32

労災認定　89

労働時間の二極化　49

初出一覧

序章

小森田龍生，2013，『若年〜中堅層の自殺増加傾向に関する課題抽出と若干の考
　　察』平成 24 年度大妻女子大学人間生活文化研究所共同研究プロジェクト研究
　　報告書，大妻女子大学人間生活文化研究所．をもとに大幅に加筆・修正．

第 1 章

小森田龍生，2013，「2000 年代の高自殺リスク群と男女差──既存統計資料の整
　　理と課題抽出に向けて」『専修人間科学論集，社会学編』3（2）：117-26．をも
　　とに大幅に加筆・修正．

第 2 章

小森田龍生，2016，「過労自殺を過労死から分ける条件──判例を用いた質的比
　　較分析（QCA）の試み」『理論と方法』31（2）：211-25．をもとに大幅に加筆
　　修正．

第 3 章

小森田龍生，2016，「過労自殺を過労死から分ける条件──判例を用いた質的比
　　較分析（QCA）の試み」『理論と方法』31（2）：211-25．をもとに大幅に加筆
　　修正．

第 4 章

書き下ろし

第 5 章

小森田龍生，2011，「自殺動機の社会学的分析──自殺者と自殺未遂者のライフ
　　ドキュメントから」『専修社会学』23：1-10．
　　────，2014，「自死者の主観的認識に関する事例的研究──2005 年に亡く
　　なった若年男性が残した手記から」『自殺予防と危機介入』34（1）：67-74．
以上の 2 編をもとに大幅に加筆・修正．

終章

書き下ろし

著者略歴

小森田　龍生（こもりだ　たつお）

1984 年生まれ.
専修大学大学院文学研究科社会学専攻博士後期課程修了. 博士（社会学）.
専門社会調査士.
専修大学社会知性開発研究センター／情報通信研究センターリサーチアシスタント（2012
　年〜2013 年）.
専修大学および名古屋学院大学兼任講師（2016 年〜現在）.
学習院大学国際センター PD 共同研究員（2017 年〜現在）.
〈主要論文〉
「若年〜中堅層の自殺増加傾向に関する社会学的分析——経済・労働環境と自尊感情の視
　点から」（『専修社会学』第 24 号, 専修大学社会学会, 2012 年）
「自死者の主観的認識に関する事例的研究——2005 年に亡くなった若年男性が残した手記
　から」（『自殺予防と危機介入』第 34 巻 1 号, 日本自殺予防学会, 2014 年）
「過労自殺を過労死から分ける条件——判例を用いた質的比較分析（QCA）の試み」（『理
　論と方法』第 31 巻 2 号, 数理社会学会, 2016 年）

過労自死の社会学　—その原因条件と発生メカニズム

2018 年 2 月 28 日　第 1 版第 1 刷
2018 年 8 月 10 日　第 1 版第 2 刷

著　　　者　　小森田龍生

発 行 者　　笹岡　五郎

発 行 所　　専修大学出版局
　　　　　　　〒 101-0051　東京都千代田区神田神保町 3-10-3
　　　　　　　　　　　　　（株）専大センチュリー内
　　　　　　　電話 03-3263-4230（代）

印　　　刷　　亜細亜印刷株式会社
製　　　本

ⓒ Tatsuo Komorida 2018　　Printed in Japan
ISBN978-4-88125-324-3